抖音电商 2.0 运营 全攻略

内容创作×蓝V运营×
直播带货×投放技巧

单凯◎编著

人民邮电出版社

北京

图书在版编目（CIP）数据

抖音电商2.0运营全攻略：内容创作×蓝V运营×直播带货×投放技巧 / 单凯编著. -- 北京：人民邮电出版社，2022.8（2023.10重印）
ISBN 978-7-115-59079-4

Ⅰ.①抖… Ⅱ.①单… Ⅲ.①电子商务－网络营销 Ⅳ.①F713.365.2

中国版本图书馆CIP数据核字（2022）第060774号

内 容 提 要

本书作者基于多年来在抖音电商领域的实战经验，紧紧围绕当前直播电商行业的发展趋势，全景式讲解了抖音电商的操作思路、工具与方法，旨在为读者提供一站式抖音电商解决方案，帮助读者解决抖音电商运营过程中的疑点、难点与痛点问题。

全书分为5篇，共19章。第1篇包括第1～3章，主要阐述短视频拍摄、后期制作与内容策划等实战技巧。第2篇包括第4～7章，分别从实战攻略、内容转化、POI引流、投放DOU+ 4个方面剖析抖音企业号运营、品牌曝光、线下门店推广和上抖音热门的策略与方法。第3篇包括第8～11章，重点阐述带货团队、流程攻略、爆品攻略、引流攻略等内容，旨在帮助读者快速掌握直播带货的实战方法。第4篇包括第12～15章，重点讲解商品橱窗、抖音小店、抖音拼团、抖音团购等电商平台或工具的实战操作，如发布规范、入驻指南、后台管理、抖音团购功能的开通条件与步骤等。第5篇包括第16～19章，重点讲解巨量引擎、巨量千川、巨量星图、新抖等四大广告平台的操作技巧，帮助读者熟悉抖音电商广告平台，实现流量变现。

本书适合企业运营人员、抖音电商卖家、主播、线下实体店家及其他对抖音电商感兴趣的学习者阅读与参考。

◆ 编　著　单　凯
　　责任编辑　王　冉
　　责任印制　马振武

◆ 人民邮电出版社出版发行　北京市丰台区成寿寺路11号
邮编 100164　电子邮件 315@ptpress.com.cn
网址 http://www.ptpress.com.cn
北京九州迅驰传媒文化有限公司印刷

◆ 开本：700×1000　1/16
印张：13.5　　　　插页：1
字数：339千字　　　2022年8月第1版
　　　　　　　　　　2023年10月北京第9次印刷

定价：69.90元

读者服务热线：(010)81055410　印装质量热线：(010)81055316
反盗版热线：(010)81055315
广告经营许可证：京东市监广登字 20170147 号

前言

2020年，字节跳动针对电商业务进行了一次组织架构调整，正式成立电商部门，统筹抖音、今日头条、西瓜视频等多个平台的电商业务，其中，抖音是整个电商战略落地的核心。

抖音布局电商，一方面是看到了我国电商市场蕴藏的巨大消费潜力，另一方面是直播带货成为新风口。为了抓住这个难得一遇的机会，字节跳动正式成立电商部门，对抖音之前的电商业务进行改装升级，以"电商+直播"模式为依托，一改过去单纯引流的模式，与淘宝、京东等电商行业的巨头展开正面较量。

对于抖音来说，布局电商是一件极具战略意义的大事。众所周知，抖音是一个规模庞大的流量平台，但流量的价值想要体现出来必须完成转化变现。通过布局电商，抖音可以为平台上众多优秀的创作者提供一条便捷、稳定的变现渠道，刺激他们生产更多优质内容，从而吸引更多流量，不断扩大转化变现的规模，形成流量闭环。

虽然抖音布局电商拥有先天流量优势，但也面临着一个巨大的难题，即没有完整的供应链，货源严重依赖淘宝、京东等电商平台。为了解决这个问题，抖音采取了很多措施，例如大力发展直播电商，极力推广"抖音小店"等，催生了很多新玩法。

本书立足于抖音升级的电商业务与运营方法，从内容创作、蓝V运营、直播带货、电商实战、投放技巧等五大维度对抖音电商的运营方法进行拆解，为读者提供简单易懂、拿来即用的抖音电商运营技巧与方法，帮助读者从零起步，在短时间内成为抖音电商运营高手。

为了便于读者学习和操作，本书内容中穿插了大量图片与表格，对抖音电商及相关软件操作流程进行了全面讲解，图文并茂，一目了然，使读者能够快速掌握抖音电商运营的各种工具。需要说明的是，互联网产品版本持续迭代，功能优化较快，而图书出版周期较长，也许读者阅读本书时，产品已更新，功能或许略有变化，但不影响读者操作。

本书编写时涉及的主要App版本如下表所示，操作界面与最新版本可能存在细微差异，仅供读者学习参考。

软件名称	本书内容所用版本
抖音	16.8.0
剪映	5.7.0
Videoleap	1.19.4
一闪	3.3.4
快剪辑	6.0.33
Bigshot	2.7.1
iMove剪辑	2.3.3
WIDE短视频	2.5.0

本书导读

第1篇　内容创作篇。 本篇重点阐述短视频拍摄、后期制作与内容策划等实战技巧。其中，短视频拍摄包括拍摄、构图、光线、运镜、景别等拍摄实战攻略，后期制作涵盖封面、标题、背景音乐、剪辑、特效等实操要点，内容策划涉及定位、选题、脚本、文案、推荐等。本篇对上述内容进行归纳总结，形成了很多实用的技巧与方法。

第2篇　蓝V运营篇。 抖音蓝V是抖音面向企业推出的一种集多种功能于一体的账号类型，玩法非常多，包括信息流广告、抖音挑战赛、POI（Point of Interesting，兴趣点）引流、投放DOU+（Dataflow of Usage，平均每户每月上网流量）等。本篇对企业申请蓝V认证的流程、蓝V运营规划的方法、利用蓝V构建品牌私域流量池的策略进行详细分析，并对内容转化、POI引流、投放DOU+策略进行详细拆解，带领读者深入了解抖音蓝V，掌握实用的品牌曝光、门店推广、上热门的策略与方法。

第3篇　直播带货篇。 本篇涵盖运营策划、直播场控、场地布置、货品配置、预告引流等内容。本篇将这些内容分成四大部分进行详细阐述，包括直播团队架构与人员配置、直播带货运营的实战技巧、精细化选品的策略与技巧、提升粉丝留存率与转化率，让读者看完即会，学完即用。

第4篇　电商实战篇。 为了完善电商功能，抖音平台推出了商品橱窗、抖音小店、抖音拼团、抖音团购等多种电商产品，每款产品都有各自的玩法和攻略。本篇以图文并茂的形式，深度剖析抖音电商的操作方法与技巧，比如发布规范、入驻指南、后台管理、抖音团购功能的开通条件与步骤等，帮助读者快速了解抖音电商运营的各大工具，掌握实用的运营技巧。

第5篇　投放技巧篇。 本篇围绕抖音电商广告体系，重点讲解巨量引擎、巨量千川、巨量星图、新抖等四大广告投放工具的操作技巧，包括投放攻略、PC端专业推广、直播攻略、选品实战等，从0到1指导抖音商家、达人和MCN机构熟悉抖音电商广告工具，实现流量变现。

编者
2022年5月

目 录

第1篇 内容创作篇

第 1 章
短视频拍摄：零基础入门拍摄实战攻略

拍摄：抖音短视频拍摄的7个技巧 14
  远程控制 14
  调整速度 14
  分段拍摄 15
  利用合拍 15
  对焦清晰 16
  手动控制曝光和对焦 16
  选对分辨率 16

构图：呈现最佳视觉的9个法则 16
  中心构图法 17
  对称构图法 17
  垂直线构图法 18
  水平线构图法 19
  对角线构图法 19
  引导线构图法 20
  框架式构图法 20
  S状构图法 21
  九宫格构图法 22

光线：短视频拍摄布光的4种类型 22
  顺光 23
  侧光 23
  逆光 24
  顶光 24

运镜：拍出电影质感的4种手法 25
  推镜头 25
  拉镜头 25
  摇镜头 26
  移镜头 26

景别：掌握镜头语言的5种类型 26
  远景（拍摄对象所处环境） 27
  全景（人物的全身和场景全貌） 27
  中景（指人物膝部以上） 28
  近景（指人物胸部以上） 29
  特写（指人物肩部以上） 29

第 2 章
后期制作：短视频制作流程与操作技巧

封面：设置短视频封面的4个技巧 32
  抖音短视频封面设置的基本要求 32
  人物类封面的设置技巧 32
  卖货类封面的设置技巧 33
  特色文字类封面的设置技巧 33

标题：设置"吸睛"标题的5个要点 33
  数字吸引 34
  提出问题 34
  引发争议 34
  直接展示价值 35
  紧随热点 35

背景音乐：选择背景音乐的原则与注意事项 ... 36
  选择背景音乐的3个原则 36
  选择背景音乐的两点注意事项 37

剪辑：使用剪映的3种方法 37
　　剪映剪辑视频基础教程 38
　　如何使用剪映制作卡点照片视频 40
　　如何使用剪映添加字幕 41

特效：制作特效的工具 43
　　抖音自带特效工具 43
　　第三方视频特效制作工具 45

第 3 章
内容策划：爆款短视频运营实战攻略

定位：抖音内容定位的3个维度 50
　　账号定位：表现形式+表现领域 50
　　受众定位：精准洞察用户的痛点与需求 51
　　抖音内容策划的三大原则 52

选题：创意选题策划的5个要点 53
　　以用户体验为目标 53
　　做新鲜有创意的选题 54
　　选择互动性强的话题 54
　　借势热门话题 54
　　内容积极向上，远离敏感词 54

脚本：撰写短视频脚本的5个步骤 55
　　短视频脚本的三大类型 55
　　撰写短视频脚本的5个步骤 56

文案：创作短视频内容的6种方法 57
　　正面描写 57
　　侧面描写 57
　　夸张 58
　　借景抒情 58
　　衬托 58
　　白描 58

推荐：提升账号权重的3个技巧 59
　　利用抖音的推荐算法 59
　　巧避瀑布流 59
　　巧避归零推荐 60

第2篇 蓝V运营篇

第 4 章
实战攻略：抖音企业号运营操作技巧

蓝V认证：抖音时代的流量洼地 62
　　蓝V认证权益解析 62
　　蓝V认证的四大价值 63

认证流程：企业号认证的操作步骤 64
　　试用版企业号与认证企业号的区别 64
　　抖音企业号认证流程 65

运营规划：掌握3H内容规划法 69
　　人格化打造：确定品牌风格与调性 69
　　整体运营：掌握3H内容规划法 70

三域曝光：构建品牌私域流量池 72
　　公域曝光的方法 72
　　私域曝光的方法 73
　　商域曝光的方法 74

第 5 章
内容转化：提升品牌曝光率与转化率

内容种草：内容营销的方法 76
　　哪些品牌适合做抖音营销 76

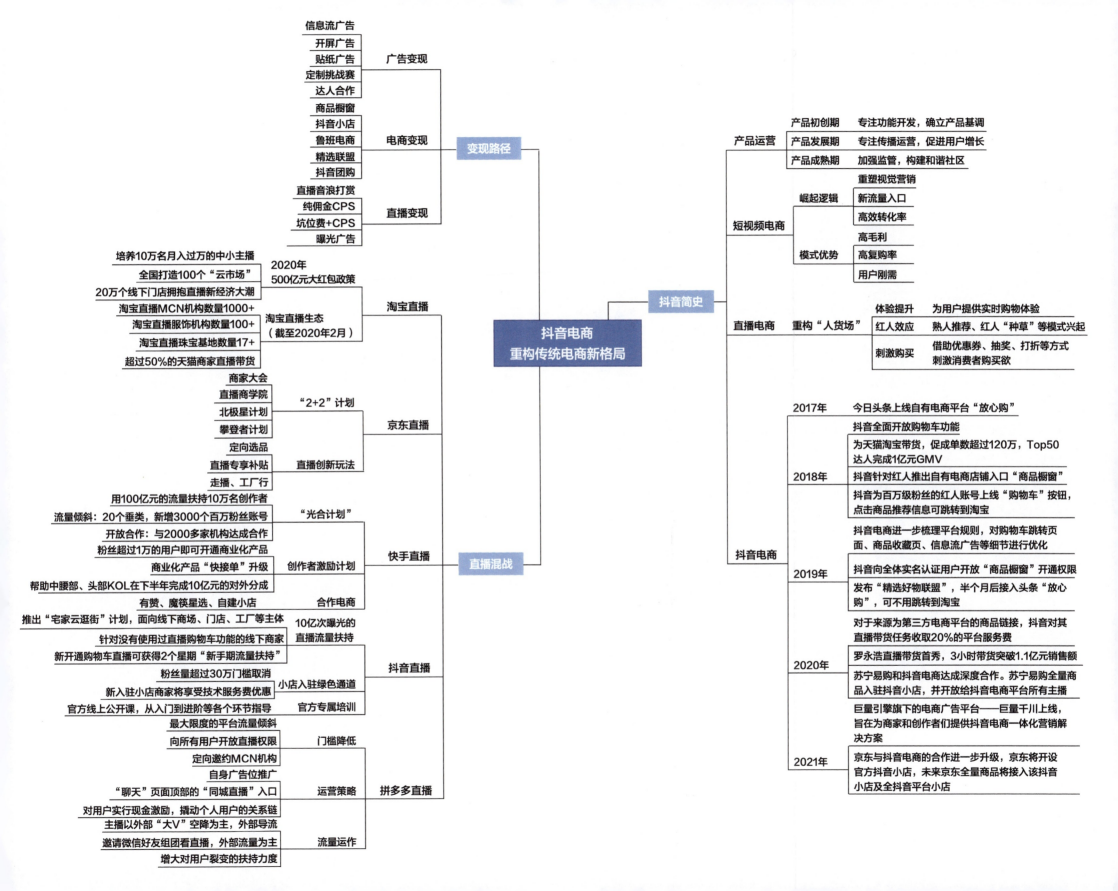

艺术设计教程分享

本书由"数艺设"出品,"数艺设"社区平台(www.shuyishe.com)为您提供后续服务。

"数艺设"社区平台,为艺术设计从业者提供专业的教育产品。

与我们联系

我们的联系邮箱是 szys@ptpress.com.cn。如果您对本书有任何疑问或建议,请您发邮件给我们,并请在邮件标题中注明本书书名及ISBN,以便我们更高效地做出反馈。

如果您有兴趣出版图书、录制教学课程,或者参与技术审校等工作,可以发邮件给我们。如果学校、培训机构或企业想批量购买本书或"数艺设"出版的其他图书,也可以发邮件联系我们。

如果您在网上发现针对"数艺设"出品图书的各种形式的盗版行为,包括对图书全部或部分内容的非授权传播,请您将怀疑有侵权行为的链接通过邮件发给我们。您的这一举动是对作者权益的保护,也是我们持续为您提供有价值的内容的动力之源。

关于"数艺设"

人民邮电出版社有限公司旗下品牌"数艺设",专注于专业艺术设计类图书出版,为艺术设计从业者提供专业的图书、视频电子书、课程等教育产品。出版领域涉及平面、三维、影视、摄影与后期等数字艺术门类,字体设计、品牌设计、色彩设计等设计理论与应用门类,UI设计、电商设计、新媒体设计、游戏设计、交互设计、原型设计等互联网设计门类,环艺设计手绘、插画设计手绘、工业设计手绘等设计手绘门类。更多服务请访问"数艺设"社区平台www.shuyishe.com。我们将提供及时、准确、专业的学习服务。

抖音内容营销的4种方法 76

KOL互动：有效提高品牌曝光率 78
提高播放量 78
提高转化率 78

信息流广告：广告的精准投放技巧 79
信息流广告的收费模式 79
抖音信息流广告的类型 80
抖音信息流广告的4种模式 80
如何优化抖音信息流广告 81

抖音挑战赛：激发全民参与热潮 81
新品共创 82
内容共创 82
整合营销 82

第6章
POI引流：线下门店推广运营实战攻略

抖音POI：门店认领规则与流程 84
抖音POI的作用 84
抖音POI地址的认领规则 84
POI地址认领流程 85

POI引流：有效利用POI的3种方法 86
POI×DOU+：提升门店的曝光率 86
POI×团购：线上流量的高效转化 87
POI×话题：引爆POI内容流量池 88

第7章
投放DOU+：抖音上热门的操作技巧

实战教程：DOU+的基础操作与知识 90

DOU+的投放步骤 90
DOU+的投放目标 90
DOU+的审核标准与要求 91
DOU+的投放金额 92

运营攻略：投放DOU+的4个技巧 92
选对投放时间 93
观察短视频初始流量 93
精准投放 93
"小额多次"投放 94

视频加热：投放DOU+的两种思维 94
数据化思维 94
精细化运营思维 95

直播加热：直播DOU+的操作技巧 95
短视频DOU+与直播DOU+的区别 95
投放直播DOU+的操作方式 96
如何高效投放直播DOU+ 97
如何保持直播间热度 97

第3篇 直播带货篇

第8章
带货团队：直播团队架构与人员配置

带货主播：挑选主播的4个标准 100
商家与主播的合作方式 100
商家甄别优质主播的4个标准 101

主播助理：助理必备的5种能力或特质 102
主播助理的工作流程 102
主播助理必备的5种能力或特质 103

运营策划：直播方案的8个环节 ... 104
- 确定直播活动主题 ... 105
- 做好直播人员分工 ... 105
- 确定直播时间和时长 ... 105
- 确定直播内容 ... 106
- 设置引导话术 ... 106
- 确定直播间互动方式 ... 106
- 打造直播间环境 ... 106
- 确定直播间产品 ... 106

直播场控：场控的4项职能 ... 107
- 调节气氛 ... 107
- 陪伴粉丝 ... 107
- 维持秩序 ... 108
- 复盘直播 ... 108

第 9 章
流程攻略：直播带货运营的实战技巧

设备选择：直播间硬件设备选择技巧 ... 110
- 手机设备、电脑设备 ... 110
- 网络设备 ... 110
- 辅助设备 ... 110
- 灯光设备 ... 111
- 其他设备和工具 ... 111

场地布置：直播间装饰技巧 ... 111
- 直播场地 ... 112
- 直播间背景墙 ... 112
- 直播间环境标准 ... 113

前期策划：带货直播的准备工作 ... 113
- 精准定位目标用户 ... 113
- 制定直播脚本 ... 114
- 挑选直播产品 ... 114
- 确定直播时间 ... 115
- 丰富知识储备 ... 115
- 调整直播状态 ... 115

带货法则：转化成交的技巧 ... 115
- 直播角度 ... 116
- 运营角度 ... 117

复盘优化：直播后的数据化复盘 ... 118
- 直播复盘的作用 ... 118
- 直播复盘的5个环节 ... 118
- 从客观数据看问题 ... 119

第 10 章
爆品攻略：精细化选品的策略与技巧

货品配置：产品规划的2个维度 ... 122
- 前期准备 ... 122
- 关键细节 ... 123

靠谱货源：主播拿货的4个渠道 ... 124
- 分销平台 ... 124
- 自营品牌/联名 ... 125
- 合作商 ... 125
- 供应链 ... 125

爆品逻辑：直播选品的七大思路 ... 125
- 根据粉丝画像选择产品 ... 126
- 根据达人内容垂直度选择产品 ... 126
- 根据同行的带货情况选品 ... 127
- 根据产品热度选品 ... 127
- 选择卖点便于可视化的产品 ... 128
- 选择领域内的周边产品 ... 128
- 利用数据分析工具选品 ... 128

第 11 章 引流攻略：提升粉丝留存率与转化率

预告引流：直播宣传预热的技巧 130
- 预告直播时间 130
- 撰写直播宣传文案 131
- 站内引流+站外推广 132

连麦引流：瞬间引爆直播间人气 132
- 直播连麦的操作流程 132
- 直播连麦的技巧 133

内容引流：输出优质的直播内容 134
- 直播间封面 134
- 直播间标题 134
- 直播间布置 134

话术引流：主播与用户互动的方式 135
- 开场式互动 135
- 提问式互动 135
- 问答式互动 136
- 抽奖式互动 136
- 感谢式互动 136

第4篇 电商实战篇

第 12 章 商品橱窗：入驻流程与商品添加教程

权限申请：商品橱窗的开通流程 138
- 商品橱窗的申请条件 138
- 商品橱窗的开通流程 138
- 橱窗管理：置顶/删除商品 141

直播分享：直播间商品添加技巧 141
- 进入主播中心 141
- 添加商品 142

发布规范：分享商品的注意事项 142
- 商品信息发布规范 142
- 如何正确分享商品 143

结算规则：商品结算与打款规则 143
- 抖音小店结算规则 143
- 第三方结算规则 144
- 打款方式与时间 144

第 13 章 抖音小店：入驻流程与运营操作攻略

抖音小店：入驻条件与材料准备 146
- 抖音小店的入驻条件 146
- 商家主体入驻资质标准 148

入驻指南：申请流程与实战操作 149
- 登录抖音小店 149
- 选择主体类型 149
- 填写主体信息 150
- 填写店铺信息 150
- 资质审核 150
- 账户验证 151
- 缴纳保证金 151
- 设置支付方式 151

精选联盟：商家入驻的优势与条件 152
- 商家入驻精选联盟的优势 152
- 商家入驻精选联盟的条件 153

精选联盟更新规则后带来的影响 154

上架商品：商品创建流程与操作 154

 创建商品 154

 设置承诺发货时间 155

订单管理：查看订单状态的步骤 156

发货管理：发货流程与实战操作 156

 确认相关信息 157

 选择要发货的订单进行发货 158

服务管理：如何提升商家体验分 158

 商家体验分的构成与计算方法 159

 新版商家体验对商家和达人的影响 159

 抖音小店在新规下如何提升商家体验分 160

第 14 章
抖音拼团：拼团流程与操作规则

抖音拼团：拼团介绍与拼团规则 162

 拼团介绍 162

 拼团规则 162

拼团流程：创建拼团活动的步骤 163

 设置基础规则 164

 选择商品 164

 设置SKU活动信息 165

后台管理：拼团运营的实操技巧 166

 查看拼团活动信息 166

 编辑拼团活动信息 166

 中止拼团活动 167

常见问题：抖音拼团的注意事项 168

 创建拼团活动的限制规则和优惠叠加规则 168

 部分商品无法创建拼团活动的原因 168

第 15 章
抖音团购：团购活动攻略

抖音团购功能的优势与影响 170

 抖音团购功能的优势 170

 抖音团购功能对餐饮行业的影响 170

抖音团购功能的开通条件与步骤 171

 抖音团购功能的开通条件 171

 抖音团购功能的开通步骤 171

 用户参与抖音团购活动的流程 172

抖音直播间如何添加团购活动 172

 直播前 172

 直播中 172

 直播后 172

第5篇 投放技巧篇

第 16 章
巨量引擎：信息流广告投放运营攻略

运营流程：账号搭建的实操要点 174

 新建广告组 174

 新建广告计划 176

 新建广告创意 178

创意管理：素材创建与优化分析 179

 素材创建：搭配高效素材制作工具 179

 素材管理：让你对自己账户的素材了如指掌 179

素材分析：提供更多优化思路，解决两大
分析难题 180

投放攻略：实现广告效果最大化 181

 确定营销目标，满足差异化营销诉求 182
 整合平台流量，实现精细化覆盖 182
 高效内容生产，构建高效内容生产闭环 182
 优化广告投放，满足不同目标用户的需求 ... 182
 实现转化闭环，支持广告主多样性转化目标 ... 182

电商店铺推广操作攻略 182

 电商店铺推广操作说明 183
 电商组件选择 184

第17章
巨量千川：抖音电商一体化营销方案

巨量千川：全方位赋能电商商家 186

 打造电商一体化智能营销平台 186
 号店一体：新场景下的电商营销 186
 赋能直播：精准定向，高效引流 187

小店随心推：操作流程实战技巧 188

 产品简介 188
 功能介绍 188
 开户资质要求 189
 素材代投授权 189
 资金充值 190
 下单流程 191

PC端极速推广：操作流程与技巧 191

 投放方式 191
 转化目标 191
 设置总预算 191

 选择投放时长 192
 定向人群 192

PC端专业推广：操作流程与技巧 192

 投放方式 192
 转化目标 192
 投放时间 192
 定向人群 192
 智能放量 193
 行为兴趣意向 193
 类目 193
 创意形式 193

第18章
巨量星图：全链路广告营销操作攻略

巨量星图的任务类型与实战玩法 195

 巨量星图的任务类型 195
 巨量星图的优势 196
 巨量星图的常用玩法 196

客户入驻：资质认证与注册流程 196

 资质认证材料 196
 对公验证材料 197

达人入驻：功能操作与任务流程 198

 登录 198
 功能模块 198
 任务流程 199

MCN机构入驻：开通流程与操作要点 ... 200

 登录 200
 功能模块 200

直播攻略：下单流程与履单流程 201
 广告主下单流程 201
 主播履单流程 202

第 19 章
新抖：电商数据分析与优化攻略

素材选择：高效打造爆款短视频 204
 有目标地寻找素材 204
 寻找创作灵感 204
 寻找音乐素材 205
选品实战：借助新抖打造爆品 206
 如何发现直播间热卖商品 206
 如何发现各时段爆品 207
 如何通过抖音小店找到爆品 208

账号搜索：精准对接优质主播资源 209
 搜索抖音号 209
 我关注的直播 210
数据分析：商品数据查询监控 210
 商品详情页 210
 直播间数据 212
 带货列表 212
直播流量大盘：实时同步直播带货数据 213
 实时同步：一屏掌握直播数据 213
 自定义直播看板：实时大屏私人订制 . 215
如何借助新抖筛选MCN机构 215
 MCN机构搜索 215
 找MCN账号 216

第1篇
内容创作篇

第 1 章

短视频拍摄：零基础入门拍摄实战攻略

拍摄：抖音短视频拍摄的7个技巧

在抖音平台，短视频最终呈现出来的效果会直接影响其播放量。因此，在短视频拍摄过程中，创作者必须保证拍摄质量，具体可以运用以下7个拍摄技巧，如图1-1所示。

图1-1 抖音短视频拍摄的7个技巧

远程控制

目前，很多拍摄软件都有远程控制功能。如果创作者与拍摄对象是同一人，而且需要将手机放在较远的位置取中景或者远景，可以先将手机放好，然后利用"倒计时"功能进行拍摄。例如，拍摄者需要拍摄一个15秒的短视频，只需要在拍摄界面点击"倒计时"按钮，将暂停条拉到15秒的位置。

调整速度

抖音平台的短视频拍摄有两个独具特色的功能：一是快慢速度调整，二是分段拍摄。创作者只要利用好这两个功能，就有可能拍摄出非常精彩的短视频。这里我们重点对快慢速度调整这一功能进行说明。

快慢速度调整功能调整的是音乐和短视频之间的匹配度。如果创作者选择"快"或者"极快"，拍摄时背景音乐就会放缓，短视频最终呈现出来的画面播放速度就会加快。相反，如果拍摄者选择"慢"或者"极慢"，拍摄时背景音乐就会加快，短视频最终呈现出来的画面播放速度就会变慢。具体操作步骤如图1-2所示。

对于创作者来说，这个功能可以帮助其把握短视频拍摄的节奏。一方面，创作者可以根据拍摄节奏进行舞蹈创作或者创意剪辑，让短视频拍摄过程更流畅、更自然；另一方面，创作者使用不同的拍摄节奏更容易创作出具有差异化的短视频，使其更容易从海量同质化的内容中脱颖而出。

需要说明的是,放慢音乐可以将音乐的重音清晰地呈现出来,降低用户"卡拍"难度和拍摄音乐短视频的门槛,帮助从未接受过音乐训练或乐感不好的人轻松、精准地卡住节拍。加快音乐就会放慢动作,让最终的作品呈现出不一样的效果。如果将快慢速度调整与分段拍摄相结合,最终呈现出来的短视频效果会更好。

图1-2 快慢速度调整的操作步骤

分段拍摄

分段拍摄是指将视频拆分成不同的片段进行拍摄,拍完一个片段再拍下一个片段,最后将这些片段整合在一起形成一条完整的短视频。如果选择分段拍摄,就要对片段之间的过渡转场进行构思。如果设计巧妙,最终呈现出来的效果也会比较令人满意。

以抖音热门短视频"一秒换装"为例,这类短视频就可以利用"长按拍摄"进行分段拍摄。拍摄对象穿好一套衣服之后,拍摄者可以"按住拍"一段时长几秒的短视频,然后暂停拍摄,请拍摄对象换下一套服装,换好之后再"按住拍"一段时长几秒的短视频,重复这个过程,直到换装结束,这样一个完整的"一秒换装"短视频就拍摄完成了。

利用合拍

合拍是抖音短视频的一种玩法,吸引了很多创作者使用,并催生了很多爆款作品。创作者可以选择自己喜欢的短视频进行合拍,操作方法如图1-3所示。

图1-3 抖音合拍功能的操作步骤

- Step 1：找到想要合拍的短视频，点击【分享】按钮。
- Step 2：在菜单中找到【合拍】按钮。
- Step 3：可以使用道具、设置速度、选择美化效果、使用滤镜等，设定好之后点击【拍视频】按钮。
- Step 4：短视频拍摄完成后，创作者可以进行修改，修改完毕点击【下一步】便可发布。

对焦清晰

很多创作者拍摄短视频时都受手抖的困扰。因为大多数创作者都是手持手机拍摄，在移动过程中手部难免会抖动，导致短视频呈现出来的效果不佳。为了防止抖动，创作者可以采取一些措施，例如使用自拍杆或者支架将手机固定，也可以购买手持稳定器。

目前，市面上的手持稳定器主要有两类：一类是手机手持稳定器，另一类是单反手持稳定器。手机手持稳定器的功能非常多，包括人脸识别、目标跟随自动转向、自动对焦、自动拍摄、360度旋转拍摄和拍摄360度全景影像等，再加上手机自带的相机功能，可以实现延时拍摄、慢门拍摄、大光圈背景虚化拍摄、人脸识别自动补光、自动美颜等操作，这些功能让短视频拍摄更方便，呈现出来的效果更理想。单反手持稳定器又称单反三轴稳定器，适合用单反相机拍摄短视频的创作者使用，专业性比较强。

创作者可以购买手机支架，如桌面支架、可夹式桌面支架、八爪鱼三脚架和手机三脚架等，然后将手机固定在支架上，就可以实现稳定拍摄了。另外，创作者还可以将支架固定在地面等处进行超低角度拍摄。

手动控制曝光和对焦

在使用智能手机拍摄短视频的过程中，AE（Automatic Exposure，自动曝光控制装置）锁定非常重要，因为它可以减少曝光。手动控制对焦的功能也非常实用，尤其是在从远及近地拍摄人物时。

虽然很多智能手机都具备曝光和对焦功能，但创作者仍需要手动进行设置。此外，不同的手机设置焦距的方法不同，创作者可以根据自己的机型搜索相关教程。

选对分辨率

如果创作者选择使用相机拍摄短视频，一定要注意文件格式。一般情况下，在日常拍摄中我们选择分辨率1080P、帧速率60帧/秒，录制慢动作时可以选择分辨率1080P、帧速率120帧/秒。

构图：呈现最佳视觉的9个法则

要创作出热门短视频，首先应该保证作品的拍摄质量，能够呈现最佳视觉的构图是拍好短视频的基础。优秀的构图，一方面可以突出视频中人物和景物的优点，另一方面也能弱化其中存在的不足。

所谓"构图",是指利用镜头将三维立体世界转化到二维平面上,并通过筛选画面中的景物、合理运用光线等方式突出画面的主体,聚焦人们的视线,实现画面的优化。

构图主要包含以下3个要素。

- 主体:主体既可以是人也可以是物,是画面的主要表达对象。
- 陪体:作为主体的陪衬,陪体可以是人或物,是画面的次要表达对象。
- 环境:主体与陪体周围的环境,具有前景与后景之分。

下面详细介绍抖音短视频构图的9个法则。

中心构图法

人们在欣赏图片时,往往会将视觉焦点置于画面中央。而中心构图法就是要把拍摄主体放在画面中心位置,以突出主体、平衡画面,使观众一眼就能看到拍摄的主要对象。这种方法常运用于短视频的制作,拍摄示例如图1-4所示。

图1-4 中心构图法拍摄示例

对称构图法

对称构图法普遍运用于电影的制作中,主要是利用对称轴或对称中心使景物形成轴对称或中心对称。创作者在拍摄建筑、隧道等画面时也可以运用这种构图法,对称的画面可以给观众带来平衡、稳定的感觉。

但是，这种构图法不宜在短视频中过多运用，否则容易给观众留下过于平稳甚至呆板的印象。一些特定题材的视频（如纪录片等）也可以尝试使用对称构图法。通常而言，对称构图法往往用于表现稳定、庄重、静谧的场景，因而节奏较快的短视频最好不要选择这种构图法。对称构图法拍摄示例如图1-5所示。

图1-5 对称构图法拍摄示例

垂直线构图法

垂直线条可以充分展示景物的高度和深度，因此，如果需要拍摄具有向上张力的景物，可以使用垂直线构图法。这种构图方式能够将景物的张力最大限度地表现出来，体现出景物的雄伟、高大。如果将这种构图法与广角镜头配合使用，还能表现出画面的深远，给观众留下很强的视觉感受。垂直线构图法拍摄示例如图1-6所示。

图1-6 垂直线构图法拍摄示例

水平线构图法

水平线构图法是一种基本且常见的构图法。水平线条具有稳定的特性，以水平线条为主的画面能给观众以平衡、宽阔、和谐的感觉。水平线构图法比较适合表现海平面、草原等辽阔的场景。水平线构图法拍摄示例如图1-7所示。

图1-7 水平线构图法拍摄示例

对角线构图法

对角线构图法是将拍摄主体沿着画面对角线方向排列的构图方法。这种构图法可以表现出拍摄主体的动感和生命力，为观众带来更加饱满的视觉体验。

对角线构图法常用于叙述环境，表达特定人物会偶尔使用这种方法。一般来说，在拍摄中坚持使用这种构图法需要创作者具有很强的主观态度。另外，由于使用这类构图法的画面需要大量剧情铺垫，所以，这种构图法不适合制作时长较短的短视频。对角线构图法拍摄示例如图1-8所示。

图1-8 对角线构图法拍摄示例

引导线构图法

利用线条将观众的目光引导、汇聚到画面的主要对象上，这是引导线构图法的基本原理。这种构图法在短视频的拍摄中应用较少，更多地运用于电影的大场景和远景的拍摄中。如果创作者想在短视频中使用引导线构图法，可以增加背景中的线条并使它们汇聚到拍摄主体上，从而突出主体形象。引导线构图法拍摄示例如图1-9所示。

图1-9 引导线构图法拍摄示例

框架式构图法

利用特定的框架将画面的重点内容框起来的构图法即框架式构图法。这种构图法可以引导观众注意框内景象。一般来说，框外的亮度要明显低于框内的亮度，以营造明暗之间的反差。

不过，在以这种构图法拍摄短视频时，需要注意两个问题：一是要避免框内景物过度曝光，二是要避免边框外的景物曝光不足。短视频中使用这种构图法能给人一种窥视之感，使画面看起来更加具有神秘感，更容易引发观众的观看兴趣。

另外，框架式构图法所使用的框架可以是多种形状，不应该局限于方形、圆形等固定形状。在拍摄过程中，创作者可以就地取材搭建框架，比如利用现成的门框搭建框架，或者利用花草树木搭建框架等。框架式构图法拍摄示例如图1-10所示。

图1-10 框架式构图法拍摄示例

S状构图法

S状构图法利用曲线使画面看起来更加灵动，将视觉中心进行S状的画面布局，可以产生强烈的意境美。这种构图法适用于短视频中的背景布局和空镜头拍摄。S状构图法拍摄示例如图1-11所示。

图1-11 S状构图法拍摄示例

九宫格构图法

作为非常重要的一种拍摄形式,九宫格构图法经常使用。九宫格构图法是将上、下、左、右的四条边都分成三等份,然后用直线把对应的等分点连起来,在画面中形成一个"#"字,使整体画面呈现出九个方格的构图方式。九宫格构图法拍摄示例如图1-12所示。

图1-12 九宫格构图法拍摄示例

从上图中可以发现,九宫格构图法在画面中有四个交汇点,这四个点被称为"趣味中心点",是最容易吸引人们实现的地方。因此,拍摄者通常将主体位置安排在"趣味中心点"上。九宫格构图法具有均衡画面、突出主体的特点,比较符合人们的视觉习惯。

在采用此种构图法时,创作者应结合具体的拍摄环境灵活运用"趣味中心点"。虽然画面中的四个"趣味中心点"都是突出拍摄主体的理想位置,但在视觉体验上,给观众带来的视觉感受是不一样的。比如,上方两点的动感比下方两点要强一些,左边两点的动感比右边的强一些。因此,创作者需要充分考虑拍摄主体与陪体在形状、纹理、色彩等方面的对比效果,以实现视觉平衡。

与其他类型的视频相比,短视频具有两个鲜明的特点:一是播放设备的屏幕较小,二是内容节奏较快。因此,创作者在构图时需遵循一个最基本的准则,根据画面内容选择合适的构图法,即要尽可能地突出画面主体。

光线:短视频拍摄布光的4种类型

在日常生活中,人们所说的"光线"泛指"光"。在进行视频拍摄时,光线的来源可以分为两种类型:一种是自然光,另一种是人造光。人造光多用于电影拍摄,帮助影片呈现出更好的效果。拍摄短视频应该尽可能使用自然光,以便更真实、高效地记录生活的美好瞬间。

在短视频拍摄过程中,光起着非常重要的作用,直接影响着短视频的呈现效果。如果光线不足,短视频呈现出来的画面就可能比较模糊,所以,为了保证短视频的呈现效果,创作者应该尽可能在光线充足的环境中进行拍摄。

抖音短视频拍摄场景中的布光方式可以分为4种类型,分别是顺光、侧光、逆光和顶光,具体分析如下。

顺光

顺光拍摄就是顺着光线延伸的方向拍摄,即创作者背对着太阳拍摄。在短视频拍摄过程中,顺光是最常用的布光方式。顺光拍摄示意图如图1-13所示。

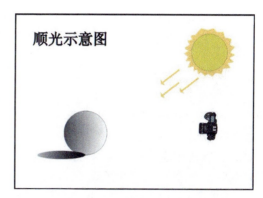

图1-13 顺光拍摄示意图

顺光拍摄有很多好处,比如:可以保证拍摄对象充分受光,将影像反差降到最低,减少或者彻底消除阴影,将拍摄对象的细节充分展现出来;不容易出现曝光问题,而且阳光经过大气折射,可以让天空显得更加湛蓝、澄澈。所以,拍摄外景的短视频创作者可以使用这种布光方式。

虽然顺光拍摄有诸多好处,但有些场景不适合顺光拍摄,例如当拍摄对象是人的时候,如果顺光拍摄就会导致人物缺乏阴影,五官不够立体和自然。如果创作者想要表现人物强烈的性格,最好采取其他的布光方式。

侧光

侧光是富有变化的一种布光方式,光源是从拍摄对象左右两侧45°~90°打来的。在短视频拍摄过程中,创作者只要稍微调整一下光源的角度,就能让拍摄画面呈现出完全不一样的效果,侧光拍摄示意图如图1-14所示。

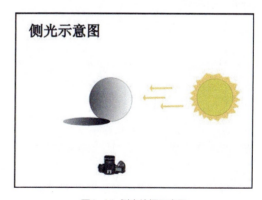

图1-14 侧光拍摄示意图

侧光的表现力极强，应用范围极广。在拍摄短视频的过程中，创作者可以通过调整侧光的角度营造出丰富的光影效果，让拍摄画面呈现出极强的戏剧张力，使得画面色彩更具有层次感。一般来说，创作者可以使用侧光来表现拍摄对象的质感、轮廓、纹理和形状，充分体现拍摄对象的立体感。

如果是在户外拍摄，创作者可以将拍摄时间确定为清晨或者黄昏，此时，太阳与地面的夹角比较小，光线比较柔和。如果在这样的光线条件下拍摄风景，可以轻松地营造出一定的空间感；而拍摄人物，则可以让拍摄对象的肤色显得更加柔和、五官显得更加立体。

逆光

逆光拍摄就是创作者面对光源，将拍摄对象置于光源的正前方。逆光拍摄呈现出来的戏剧张力最强，使用这种布光方式拍摄短视频，可以呈现出更有意境或者更有戏剧感的画面，但也有可能使拍摄对象的面貌或细节被遮盖，这一点要特别注意。除此之外，逆光拍摄还有可能造成一些光学问题，需要创作者特别留意。

由此可见，相较于顺光拍摄、侧光拍摄来说，逆光拍摄需要注意的细节更多、操作难度更大，对创作者的拍摄技巧提出了更高的要求。

但如果创作者可以合理地使用逆光，就能为短视频增添更多动人的细节，如空气中飘浮的尘土、人物运动时飘扬的发丝、宠物身上纤细的绒毛等。在短视频拍摄过程中，创作者一般用逆光来拍摄风景，如果用逆光来拍摄人物，极有可能是要塑造人物某种独特的个性，增强短视频呈现出来的张力，逆光拍摄示意图如图1-15所示。

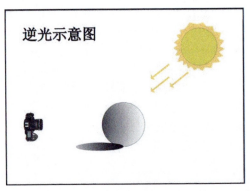

图1-15 逆光拍摄示意图

顶光

顶光是从拍摄对象顶部垂直照射下来的光，单独使用顶光可能会让人感觉单调、生硬。如果用顶光来拍摄人物，会导致被拍摄人物的眼睛、鼻子、嘴唇下方产生浓重的阴影，影响人物呈现效果。所以，在短视频拍摄过程中，顶光经常作为辅助光使用。顶光拍摄示意图如图1-16所示。

图1-16 顶光拍摄示意图

在拍摄人物时，如果创作者使用顶光，建议适当增加顺光，用来调和拍摄对象面部浓重的阴影。但在某些拍摄场景中，创作者为了达到某种艺术效果会单独使用顶光，如拍摄珠宝、玻璃器皿、博物馆的展品等；而在日常的拍摄中，建议创作者不要单独使用顶光拍摄。

运镜：拍出电影质感的4种手法

摄影师在接受专业训练的过程中有这样一门必修课，即学习拍摄视频的运镜方式。实际上，运镜的方式有很多种，而最常见的是推、拉、摇、移。这4种运镜方式是影视艺术创作中必不可少的拍摄手法，同时也是拍摄短视频时最常使用的拍摄手法。因此，为了进一步提高短视频的质量，创作者应该学会运镜手法。

推镜头

推镜头是指拍摄对象位置不动，镜头由远及近地向拍摄对象推进拍摄，逐渐实现从远景到近景再到特写镜头的拍摄。如何理解拍摄对象位置不动呢？这就是说拍摄对象需要在一个水平面上保持原地不动，这里的不动是相对的，因为拍摄过程中不完全存在拍摄对象完全不动的情况。推镜头的过程中，摄影机是运动的，而且需要按照远景、中景、近景、特写镜头的顺序进行拍摄。

摄影师要根据具体拍摄的分镜头稿本来确定摄影机推动的景别切换，比如在利用推镜头刻画人物时，就需要突出分镜头中的人物主体，这就意味着要将摄影机逐渐推到人物特写镜头的位置。

在拍摄的过程中，让镜头向前运动的前提是向前移动摄影机的位置，因此如何向前移动摄影机是实现推镜头的关键。一般来说，摄影师在拍摄电影、电视剧等影视作品时都会铺设专门的机位运动轨道。正式拍摄时，工作人员会将摄影车放入铺设好的轨道，然后由摄影师主导、其他工作人员辅助进行拍摄。

与大剧组制作相比，短视频创作的规模较小、成本较低。那么对短视频创作者来说，如何利用低成本实现良好的拍摄效果呢？其实，创作者可以利用一些小技巧来实现推镜头。由于实现推镜头的前提是让摄影机向前移动，因此，创作者可以使用移动三脚架或平板车来解决这一问题。不过，创作者在运用推镜头手法时还需要注意两点：一是做好视频防抖工作，二是保证摄影机直线运动。

拉镜头

拉镜头与推镜头恰恰相反，即拍摄对象保持原地不动，然后向后移动摄影机的位置进行拍摄，摄影机与拍摄对象呈现逐渐远离的状态。在这里，拍摄对象保持原地不动也是相对的。

拉镜头拍摄也可以借助摄影车、移动三脚架或平板车来实现。大多数短视频创作者更倾向于利用移动三脚架来实现拉镜头拍摄。在利用移动三脚架拍摄时，要提前设置好三脚架的高度，然后连接好摄影机和三脚架。拉镜头拍摄通常从一个局部的特写或近景镜头开始，然后摄影师操纵摄影机向后匀速运动，使画面不断延展，并将拍摄对象与画面之间的关系充分展现出来。拉镜头由近及远的拍摄方式可以激发并满足观众对拍摄对象所处环境的好奇心。

拉镜头可以用于拍摄搞笑短视频，从局部拉到全景能给观众带来"一窥庐山真面目"的感觉，其前后的视觉反差被突然放大，能够产生较好的喜剧效果。如果拍摄的主体是人物，这种拍摄方式还可以突出人物的情绪反应。

拉镜头常用在视频的结尾，比如由近及远地拍摄一家三口在海边游玩的画面，实现从近景到远景的渐进式拍摄，同时配以升镜头拍摄引发观众的遐想。这种拍摄手法能够增强影片的气氛，引发观众对后续剧情的美好向往。

摇镜头

摇镜头是指摄影机保持在原地，摄影师利用三脚架让摄影机在原地进行360度旋转或升降式的拍摄。常见的摇镜头有移动旋转延时摄影镜头，这种镜头多用来呈现大场景。

摇镜头不需要移动摄影机的位置，因此比较方便。一般来说，摇镜头的拍摄需要借助具有旋转云台的三脚架来实现。摇镜头比较适合拍摄主体的运动态势、方向和轨迹。例如，我们在体育节目中看到的马术比赛，摄影机镜头随着奔跑的赛马摇动，观众可以清楚地看到运动员在马背上的身姿以及赛马奔腾的动态；或是在篮球、足球、排球等球类运动比赛中，镜头也往往是跟着球运动的方向进行摇动。

摇镜头也可以用来体现人物的视角。例如，要表现一个人被某种景物吸引，就可以先拍摄这个人的眼睛，然后再通过摇镜头转向对应的景物。有时，创作者也可以通过摇镜头来模拟人们使用望远镜时的视角变化。此外，一些特定场景中也能用到摇镜头，比如调查、暗访类视频的拍摄等。在短视频创作中，摇镜头具有交代环境的作用。

移镜头

运用移镜头的基本要求是，让摄影机跟随拍摄对象一起移动拍摄。这是一种较为常见的拍摄手法，比如拍摄运动员赛跑时经常会使用移镜头——摄影机从运动员赛跑开始到结束都要随着运动员一起移动。

移镜头的拍摄需要用到移动摄影车、移动三脚架或平板车。需要注意的是，在拍摄过程中，摄影机的移动速度要始终与拍摄对象的移动速度保持一致。与摇镜头的运用不同，移镜头要求摄影机的位置是移动的，这种手法可以表现画面的动感，使画面具有较强的艺术感染力。

景别：掌握镜头语言的5种类型

在不同类型的视频拍摄过程中，摄影机与拍摄对象之间的距离往往是不同的，因此拍摄对象在摄影机寻像器中呈现的范围大小也存在区别，这就是所谓的"景别"。一般来说，景别可以分为5种类型，分别是远景、全景、中景、近景和特写（下文讲解以拍摄人物为例）。

远景（拍摄对象所处环境）

　　远景是一种表现环境全貌的取景方式，其特点在于摄像机要远离拍摄对象，并能展示拍摄对象及其所处的环境，如图1-17所示。

图1-17 远景拍摄示例

　　这种取景方式多应用于自然景色、群众活动等大场面的拍摄。摄像机要从较远的地方对景物和人物进行拍摄，所能获得的视野比较宽广，能够展示较大的空间，突出背景的地位，给人以整体感。不过，采用这种取景方式会导致拍摄出来的环境背景较大，画面中的人物不够显眼，细节不够清晰。

全景（人物的全身和场景全貌）

　　人物的全身和场景全貌等是全景所要表现的主要内容，如图1-18所示。全景画面多在电视剧中使用，主要用来表现人与人之间、人与环境之间的关系。

　　全景画面表现的范围较大，可以将人物的活动范围、体形、衣着打扮、身份等交代清楚，将背景环境、各色道具完整呈现。除了电视剧外，电视专题、新闻以及各种节目也经常会用到全景镜头。另外，远景镜头也是一些节目的开端和结尾中不可或缺的镜头，这也是远景镜头、全景镜头统称为"交代镜头"的原因。

图1-18 全景拍摄示例

中景（指人物膝部以上）

中景需要拍摄人物膝部以上的画面，但一般不停留在膝部，卡在脖子、腰部、膝关节、踝关节等部位进行拍摄是构图中的大忌。与全景相比，中景表现的景物范围较小。中景主要用来表现人物的上身，对环境的表现较弱，如图1-19所示。

图1-19 中景拍摄示例

在大多数影视作品中,中景画面的比重比较大,这是因为中景画面多用于叙事。处理中景画面要避免单一、死板的构图,避免直线式的拍摄角度和演员调度,而应着眼于人物姿势的描绘。另外,拍摄中景画面时应该灵活多变,避免将人物局限于固定的框架之中,或一直聚焦于人物的某一关节部位进行拍摄,根据内容进行灵活构图是拍摄中景画面的关键。

近景(指人物胸部以上)

近景是指对人物胸部以上的部位进行拍摄,因此需要近距离取景。拍摄近景有利于观众近距离观察人物形象及细微动作,同时也更能展现人物之间细腻的情感交流,如图1-20所示。因此,近景不仅可以用来刻画人物形象,还能用来刻画人物的性格,甚至能传达人物的内心世界,其主要表现形式是对人物面部表情的刻画。

图1-20 近景拍摄示例

特写(指人物肩部以上)

特写是指对人物肩部以上的部位进行拍摄,如图1-21所示。特写镜头能向观众提示特别的信息,营造悬念;同时也能通过细微地刻画人物面部表情来表达人物情感或表现人物之间的复杂关系。特写镜头能够带来特殊的视觉感受。在特写镜头下,背景更倾向于进行模糊处理。

图1-21 特写拍摄示例

第 2 章

后期制作：短视频制作流程与操作技巧

封面：设置短视频封面的4个技巧

抖音短视频的门面是主页背景图，而短视频封面则是用户"进门"后的第一印象。巧妙地设置短视频封面，可以给观众留下深刻的印象，增加短视频播放量和粉丝数量。

创作者要想设置一个吸引人的封面，首先应该了解抖音短视频封面的生成原理。抖音短视频封面的生成有两种方式：一是从短视频内容中截取静态图，二是从短视频内容中截取动态图。也就是说，创作者可以为短视频设置静态封面，也可以为短视频设置动态封面。那么，抖音短视频封面具体怎么设置呢？

抖音短视频封面设置的基本要求

不管制作哪种类型的短视频封面，所要截取的图片都应满足基本要求，如表2-1所示。

表2-1 抖音短视频封面设置的基本要求

基本要求	具体内容
清晰明亮	观看短视频之前，封面能给观众带来第一印象。所以，截取的静态图或动态图应尽可能地清晰、明亮，模糊、昏暗的封面会给人留下敷衍的印象，令观众产生不好的体验
层次分明	封面与标题不能相互遮挡，各元素的排版和布局要层次分明、不能相互干扰，否则各个元素所发挥的作用就会大打折扣
重点突出	不同类型的短视频要展示的重点各不相同。比如，故事类短视频或才艺表演类短视频更注重突出人物。因此，如果使用人物全景图作为封面，一定要保证人物处于封面的醒目位置，这样有利于观众快速找到短视频重点

设置短视频封面时不能太过死板，而应该遵循灵活多变的原则。创作者只有结合视频内容和自身实际灵活操作，才能设置出吸引人的短视频封面。

但需要注意的是，短视频封面并不能完全代表短视频内容，衡量抖音短视频质量的核心标准应该是观众的体验感。所以，不管什么类型的抖音短视频都应该精心打磨质量，给观众带来良好的体验，这样才能获得观众的关注、点赞和推荐。

人物类封面的设置技巧

人物类的短视频以人物故事类最为典型。人物故事类短视频内容包括事件的起因、高潮、结果等不同阶段的故事情节。观众一般会对故事的主要矛盾点更感兴趣，如果要为这类短视频设置封面，需要选择能突出剧情高潮的静态截图或动态截图，以增加短视频的吸引力。

以某知名搞笑艺人的抖音短视频为例，她的短视频主要是搞笑的剧情演绎类视频，因此其设置的短视频封面都是带有剧情冲突点的动态图片，这样的封面能引起观众的好奇心，促使他们点开短视频进行观看。

卖货类封面的设置技巧

卖货类短视频的创作者需要截取视频中能够激发观众购物欲望的画面作为封面。例如，美食类短视频可以直接截取美食成品的动态图片作为封面，清晰的美食图片可以吸引用户点击短视频观看，如图2-1所示。

服装等特定品类短视频的创造者需要针对自己的目标用户，突出产品的卖点和适用场景。因此，创造者可以截取特定场景下的图片作为短视频封面，以切合目标用户的需求，为后续转化奠定基础。

图2-1 美食类短视频的封面设置

特色文字类封面的设置技巧

除了突出人物和产品外，在进行封面制作时，创作者也可以根据短视频内容设置带有特色文字的封面。这种短视频封面可以通过文字直接体现短视频的核心要点，便于观众快速找到自己喜欢的内容，进而点击观看。

在设置特色文字类封面时，可以总结并提取短视频的关键点，然后以文字的形式将其表述出来作为封面内容。这样可以让用户直观地区分每个短视频的重点。为了增加代入感、引起用户的共鸣，创作者还可以通过在总结的文字上添加标点符号或者运用各种修辞手法来强调文字内容。

标题：设置"吸睛"标题的5个要点

标题通常是用户在观看短视频时第一眼看到的内容，一个好的标题可以瞬间吸引用户的注意力，促使用户完整地观看视频内容，并自发地点赞、评论、转发。而对平台方而言，其为了获得更多流量，也会优先推荐标题"吸睛"的短视频。

那么，如何设置短视频的标题呢？就抖音短视频而言，其标题的设置有几种常见的技巧。

数字吸引

当用户浏览短视频页面时，其停留在单个标题上的时间一般不超过2秒。而在如此短的时间内，创作者要如何设置标题才能吸引用户注意呢？

设置标题时，必须保证标题的简洁和直观。相比其他要素，数字更能够简洁、直观地表达思想，创作者通过设置数字标题可以吸引并抓住用户的眼球，使用户瞬间了解该短视频的核心内容。

例如，"80万元，爆改上海闹市400m²独栋小楼"这一数字标题可以让用户瞬间获得该短视频的核心要点——"只需80万元就能改造上海400m²的小楼"。数字的使用不仅能让用户更直观地理解视频内容，还能使标题更加精准、简洁，因此这样的标题也更容易得到用户的信任和认可。

由此可见，在短视频中添加数字更能带给用户视觉冲击，因此，在设置抖音短视频标题时应该尽可能地将可用数字表达的内容替换成数字。另外，阿拉伯数字（如"1、2、3"）要比汉字数字（如"一、二、三"）更直观、更便于理解。

提出问题

提问式标题能够通过激发用户的好奇心来诱使用户观看短视频。人们在看到问题之后，会本能地想要了解问题的答案，而提问式标题正是利用了这一人性特点，激发用户"一探究竟"的欲望，从而提高短视频的点击率。

例如，以"你有钱之后最想做什么？"作为短视频的标题，很多用户在看到这个标题之后会产生一系列的联想，而这些美好的联想也会促使用户想要了解短视频给出的回答。出于好奇，用户就会情不自禁地点击、观看短视频。另外，创作者还可以在标题中添加"你敢吗"等诘问式语句，与用户进行互动，从而激发他们的好奇心，并引导他们观看短视频。

诘问式标题与疑问式标题都能引发用户的好奇，从而带来点击量。但是，需要注意的是，带有诘问式标题的短视频在内容上应该具有足够的深度，最好能让用户看完后有恍然大悟的感觉，否则，不仅起不到应有的效果，还可能引起用户的不满。

引发争议

短视频的标题若具有一定的争议性，也容易吸引用户观看。而要为短视频设置一个能引发争议的标题，就需要创作者抓住有争议的话题来设计标题。一个有争议的话题通常存在两种对立的观点，而带有这种话题的标题会让用户产生意见分歧，进而引发争论，并促使短视频获得更广泛的评论。

例如，"复联和变形金刚，你们觉得谁更强？"（如图2-2所示）这个文案本身就存在着较大的争议：对复仇者联盟的忠实粉丝来说，他们更愿意拥护"复仇者联盟比变形金刚更强"的说法；而对变形金刚的忠实粉丝来说，他们更愿意相信变形金刚更强。

在这一标题的诱导下，两大阵营的粉丝很可能会就此展开激烈的心理交锋，他们都会好奇短视频给出的答案是否与自己的答案一致，所以很容易会去观看短视频，甚至在观看完短视频之后，还会在评论区发表自己的看法。

另外，利用前后矛盾、具有冲突的内容来设置标题也会激发用户的好奇心，比如"我失恋了，但是我很快乐""饿了，为什么不想吃饭"等标题，用户看到的第一反应通常是莫名其妙、觉得有违常理：失恋本是件难过的事，为何还会快乐呢？饿了便去吃饭，为何又不想吃饭呢？这些疑问都会诱导用户点开短视频去"一探究竟"。

总而言之，激发用户的好奇心是引导他们观看短视频的有效方法。用户往往希望在观看短视频后有所收获，因此，那些能解答用户疑问的短视频更能获得他们的好感。从这一点来看，创作者要想使自己的短视频拥有更高的点击量，就需要利用标题来激发用户的好奇心。

图2-2 引发争议的短视频文案

直接展示价值

人们之所以会观看某个短视频，是因为这个短视频能为其带来某种收益，这种收益可以是一份好心情、一项实用技能，也可以是能够引人深思的精神力量。因此，一个标题若能直接展示短视频的价值，那么它基本就是一个合格的标题。这种标题的关键作用在于能让用户在观看之后有所收获。

紧随热点

将热点事件的关键词植入标题也是一种常见的设置标题的技巧，这种"蹭热度"的标题可以为短视频带来更多流量，从而极大地提升短视频的曝光度。热点词汇通常自带流量，且大概率会被用户搜索，比如"春运""踏青好去处"等都是能引发大量关注的热点话题，将这些关键词植入短视频标题往往能起到事半功倍的效果。

但是，使用热门词汇设置标题是一门技术活，需要掌握分寸才能达到理想效果。这就需要创作者紧随热点，及早发现并使用高热度词汇，否则，一旦词汇的热度下降，不仅不能吸引用户观看短视频，还可能让用户产生视觉疲劳，进而对短视频产生反感情绪，甚至可能带来其他消极影响。

背景音乐：选择背景音乐的原则与注意事项

抖音在最初进入短视频领域时主打的是音乐短视频。但是，自2016年9月上线以来，抖音不断发展壮大，领域各异、风格多变的短视频层出不穷。如今，虽然抖音已经不再局限于"音乐短视频"这一细分领域，但是音乐短视频依然是其不可或缺的组成部分。

分析抖音上的爆款短视频，我们可以发现一个规律，即那些拥有高播放量的短视频往往都配有与短视频内容强烈相关的背景音乐。为短视频配置背景音乐时，选择与短视频内容联系紧密的音乐，可以极大地带动用户的情绪，增强用户的视听体验。

选择背景音乐的3个原则

1. 根据账号定位，确定短视频的"人设"

在拍摄短视频之前，创作者就要规划好短视频的主题，同时，还要根据主题把握短视频的基调，然后为短视频选择符合其内容基调的背景音乐。

背景音乐的选择要与短视频中所体现的情绪相契合，这就要求创作者首先弄清楚短视频的主体，要具体到人、所涉及的事以及整体画面。再根据视频中人、事、画面所表达的主要情绪来选择背景音乐才能制作出真正有感染力的短视频。

不同类型的短视频所使用的背景音乐也有所不同。比如，搞笑类短视频不能使用太抒情的背景音乐等。不同的背景音乐能给用户带来不同的情感体验。因此，每位创作者都应该根据账号的定位和想要表达的内容来为短视频选择背景音乐。

2. 把握短视频节点，灵活调整背景音乐及其节奏

短视频创作者可以先对视频进行粗剪，比如按照拍摄时间顺序进行剪辑，然后再根据视频的基本节奏寻找与之匹配的音乐。找到合适的音乐后，还要找准音乐的节奏，然后将视频画面与音乐节奏卡点对接，最后剪辑出优秀的作品。

对短视频创作新手而言，需要注意的是，镜头切换的频次与音乐节奏常常成正比，因此，如果短视频中长镜头较多就应该配以节奏缓慢的音乐，短视频的画面切换较快就应该配以节奏明快的音乐。总之，要想让短视频的内容与背景音乐更契合、更匹配，创作者就需要根据短视频节点来调整和选择背景音乐。

3. 音乐选择出现困难时，优先使用纯音乐

如果短视频节奏难以把握，创作者可以选择纯音乐作为背景音乐。用纯音乐作背景音乐具有明显的优点：一方面纯音乐的包容性更强，在感情色彩方面受限较少；另一方面纯音乐更不容易受到歌词的影响，兼容度更高。因此，选择纯音乐作为背景音乐通常不会出现内容与音乐不匹配的情况。

对作品要求更高的创作者可以为短视频配以带歌词的音乐。如果能使歌词和短视频内容完美契合，那么短视频也会更加出彩。创作者在选择背景音乐时不能一味地追求旋律、节拍的契合度，还要重视歌词的内容。

选择背景音乐的两点注意事项

1. 背景音乐要契合短视频内容

为短视频选择背景音乐时，创作者需要特别注意的是，不能让背景音乐抢了内容的"风头"。正确的做法是让背景音乐起到锦上添花的作用。另外，创作者切忌在短视频中的人物讲话时插入背景音乐，以免影响用户的整体观看体验。

选择带歌词的音乐作为短视频的背景音乐时，要尽量挑选歌词容易理解、能被用户广泛接受的音乐，如果歌词过于另类可能会让用户在欣赏视频时分神。不少创作者喜欢用欧美歌曲作为短视频的背景音乐，很多时候只关注歌曲的标题和节奏是否契合短视频的内容，而忽视了歌词的内容和主题。

例如，《速度与激情》的主题曲See You Again是一首用来纪念友情的歌曲，主要表达对逝去朋友的缅怀、追忆和悼念之情，因此，将此歌曲用在送别好友的短视频中显然是不合适的。

2. 引用音乐时要规避音乐版权风险

音乐的版权受到法律的保护，因此创作者要合法引用音乐。目前，短视频领域也存在一些商业推广短视频侵权的现象，这种侵权行为有损企业和品牌形象。

音乐是词曲作者的创意成果和劳动成果，理应受到每个人的尊重。如果需要为短视频配置背景音乐，必要的情况下创作者可以去相关网站购买正版音乐使用。另外，短视频创作者也可以在一些平台或网站获得授权免费使用音乐。

剪辑：使用剪映的3种方法

进行短视频创作时，借助专业的剪辑工具往往能够起到事半功倍的效果。而对抖音的创作者而言，使用起来相对方便的便是剪映，即由抖音官方推出的一款手机视频剪辑工具。利用剪映制作的视频中显示有"剪映 | 视频制作"字样，如图2-3所示。

剪映之所以如此火爆，主要有3个方面的原因：其一，剪映是抖音官方出品的一款剪辑软件，与抖音的契合度高；其二，剪映的功能强大，基本可以满足用户在手机等终端上剪辑视频的所有要求；其三，与其他自带水印的剪辑App不同，用户在使用剪映剪辑视频时，该软件不会自动为短视频添加水印。

那么，创作者应该如何用剪映来剪辑视频呢？

图2-3 剪映制作的短视频

剪映剪辑视频基础教程

（1）下载剪映并添加视频素材

在手机应用商店中下载剪映，安装并打开软件，点击【开始创作】，将需要剪辑的视频素材添加到软件中，如图2-4所示，也可同时导入多个视频素材。

（2）剪辑视频

点击屏幕下方的【剪辑】按钮，便可以对视频进行剪辑，如图2-5所示。

图2-4 添加视频素材　　　　　　　　图2-5 剪辑视频

（3）编辑视频

创作者若不需要视频的原声，可以先点击【关闭原声】，再将视频拖到要剪切的起始位置，点击【分割】，便可剪切出自己需要的视频片段。左右滑动下方的编辑栏，还可以使用更多的编辑功能，如【特效】【滤镜】【比例】等，创作者可根据需要选择相应功能对视频进行编辑，从而使视频效果更出色，如图2-6所示。

图2-6 编辑视频

第 2 章　后期制作：短视频制作流程与操作技巧

（4）添加音乐和字幕

创作者可以在编辑首页中使用【音频】【文本】功能为视频添加音乐和字幕，如图2-7所示。

图2-7　添加音乐和字幕

（5）添加特效

在完成以上操作后，创作者若想为视频添加特效，可以点击【特效】按钮，为视频添加【热门】【基础】【氛围】【动感】等多种特效，进一步提升画面效果，如图2-8所示。

图2-8　添加特效

39

（6）保存并分享视频

点击右上角的【导出】按钮，可将剪辑好的视频完整导出。然后，创作者可以选择将制作完成的视频分享到抖音或西瓜视频，点击【更多】还可以将视频分享到今日头条，也可以选择将其保存到自己的手机相册，如图2-9所示。

图2-9 保存并分享视频

如何使用剪映制作卡点照片视频

步骤01 创作者先将需要编辑的照片素材导入剪映，然后依次点击【音频】【音乐】，为图片选择合适的音乐，如点击【卡点】音乐，如图2-10所示。

图2-10 照片导入及卡点音乐选择

步骤02 创作者选择卡点音乐后，点击【使用】，软件会自动跳转到编辑页面，这时点击【踩点】，进入踩点页面，开启【自动踩点】，可以选择【踩节拍Ⅰ】【踩节拍Ⅱ】【踩旋律】，如图2-11所示。

40

第 **2** 章　后期制作：短视频制作流程与操作技巧

图2-11　剪映自动踩点操作流程

步骤03　完成以上一系列操作后，音频素材上会出现一些不同间距的黄色圆点，每一个圆点对应一个节拍点，表示节奏的起止。创作者点击页面右下角的【√】，再点击【导出】，即可完成卡点照片视频的制作。创作者可以选择将制作完成的视频分享到抖音、西瓜视频或今日头条，也可以选择将其保存到自己的手机相册，如图2-12所示。

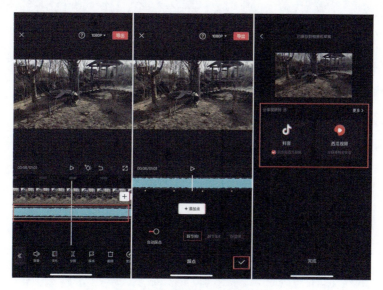

图2-12　导出并分享卡点照片视频

如何使用剪映添加字幕

步骤01　创作者将需要添加字幕的视频导入剪映，然后选择【文本】，如图2-13所示。

41

步骤 02 进入文字编辑页面，这时有两种情况：一种是视频已添加配音，另一种是视频未添加配音。若视频已添加配音，可直接点击【识别字幕】，软件会根据配音自动识别和添加字幕，如图2-14所示。

图2-13 导入照片并选择【文本】

图2-14 自动识别字幕

步骤 03 如果视频未添加配音，则可选择【文本】，进入字幕编辑页面，新建文本并调整文字样式等，然后点击【√】，如图2-15所示。

图2-15 未添加配音的【文本】选择

步骤 04 添加完文本后,点击字幕条,字幕便可添加到对应画面,将视频拖动到下一段,重复添加文本的操作,即可给视频的每一帧画面添加字幕。操作完毕后,点击右上方的【导出】,即可选择将制作完成的视频分享到抖音或西瓜视频,点击【更多】还可以分享到今日头条,也可以选择将其保存到自己的手机相册,如图2-16所示。

图2-16 添加字幕完毕并保存

特效:制作特效的工具

要使短视频更加出彩,往往需要为短视频制作特效,创作者可以通过以下两种方式制作:其一是直接利用抖音自带的特效工具来制作特效;其二是利用第三方视频特效制作工具来制作特效。

抖音自带特效工具

抖音自带的特效非常丰富,而且更新频率比较高。

1. 道具

创作者点击抖音主界面底部中间位置的 + 号即可开始拍摄短视频,屏幕左侧有一个【道具】图标,单击这一图标就能弹出众多特效选项,包括【收藏】【热门】【最新】【扮演】【美妆】等多个类目,如图2-17所示。创作者可以点击选定特效图标,然后点击画面中左侧的收藏按钮来收藏喜欢的特效道具,在下次使用时便能够从【收藏】栏中优先选择事先收藏的特效道具。

对创作者而言,要熟练使用特效道具,需要尽可能多地练习,比如卡拍就需要创作者反复练习才能掌握。运用抖音自带的特效道具为短视频制作特效,不仅能丰富短视频的画面,还能增加短视频的趣味性。

图2-17 抖音【道具】操作技巧

2. 滤镜

除了特效道具外,抖音还带有【滤镜】功能。点击抖音主界面底部的 + 号按钮,进入视频拍摄页面,可以看到页面右上方自上而下有【翻转】【快慢速】【滤镜】【美化】【倒计时】5项功能,点击【滤镜】按钮,即可设置滤镜。滤镜的模式也很丰富,包括【人像】【风景】【美食】【新锐】等。每种模式下对应着多种滤镜样式,创作者在拍摄时只需左右滑动并点击选择就能为短视频添加不同的滤镜效果,如图2-18所示。

图2-18 抖音【滤镜】操作技巧

拍摄短视频时,创作者可根据人物动作和视频节奏,左右滑动屏幕上的控制条来调整滤镜强度。滤镜目前已经成为拍照必备的功能,它可以极大地提升画面的质感,并使短视频呈现出更加丰富的美。

3. 美化

【美化】功能也是拍摄抖音短视频的重要功能。美化即美颜,是通过【磨皮】【瘦脸】【大眼】等功能让拍摄对象的外貌更具有美感。美化功能的每个类目都有相应的参数,创作者可以在0~100调节强度。在试拍时,创作者可以以自身作为参考试用【美化】功能,调整每个类目的参数,以达到理想的拍摄状态,如图2-19所示。

图2-19 抖音【美化】操作技巧

除常规的美化方式外,在进行短视频创作时,也可以反其道行之。比如,在拍摄过程中先把所有的美化类目的参数调整到100,然后逐渐调小,如此反复操作,直至所有参数都调整为0。这种"自黑视频"可以将人从"顶级美颜"逐渐"打回原形",也可能因为差异效果而引起用户的追捧。

第三方视频特效制作工具

除了借助抖音自带的特效道具外,还可以借助第三方视频特效制作工具来为抖音短视频制作特效。在特效的加持下,创作者可以制作出更加优质、更加吸引人的短视频。

1. Videoleap

Videoleap是一款集视频拍摄、剪辑、浏览等功能于一体的综合应用软件，在手机上使用起来十分方便，如图2-20所示。作为一款视频编辑器软件，Videoleap除了具备视频编辑的常规功能外，还兼具添加字体、音频、画外音等功能，是一款功能非常强大的视频制作软件。

图2-20 Videoleap

2. 一闪

一闪最大的特点是其滤镜具有电影质感，如图2-21所示，利用一闪拍摄的动态图的效果可以达到电影级别。一闪的操作方式既简单又多元，不仅能满足一般用户的视频制作需求，还能满足高端玩家的创作需求。创作者可以利用手机中已有的视频来截取、制作符合自己要求的短视频，也可以利用现成的图片组合出想要的动态图。

一闪的相机支持多种模式的拍摄，包括正常画面、定格动画、快速动作、延迟摄影等。此外，该软件还具有多种图片编辑功能，可以让视频呈现出更加丰富多彩的画面。

图2-21 一闪

3. 快剪辑

快剪辑最大的特色是可以编辑音效，它是一款可以改变被拍摄对象声音的视频编辑器，如图2-22所示。快剪辑的视频剪辑精确度非常高，可具体到每一帧，同时其操作非常方便，能够帮助创作者高效剪辑视频。快剪辑具有画面分割、混剪、音频调节等多种功能，可以通过滤镜使手机拍摄的视频的画质达到可以与电影媲美的水平。

若创作者想要增加视频的创意，还可以选择快剪辑的免费特效素材予以优化，最终达到满意的效果。快剪辑兼具片头、特效、字幕、音乐、贴纸、水印等多重功能，是一款较为理想制作抖音短视频的软件。

图2-22 快剪辑

4. Bigshot

Bigshot是一款非常经典的视频软件，它不仅能用于制作短视频，还能用于分享短视频，如图2-23所示。因此，它与抖音非常相似，只不过抖音侧重于视频分享，而它侧重于视频编辑。创作者只需要通过简单的操作就能借助软件库中的各种素材美化和修饰自己的视频。另外，该软件还具有一大亮点功能，即可实现一键生成大型脚本。

图2-23 Bigshot

5. iMove剪辑

iMove剪辑是一款可同时用来拍摄和剪辑视频的专业视频制作软件，如图2-24所示。该软件操作简单、功能齐全，不仅能提供各种大片的背景音乐，还能提供大量的个性化影视模板。

6．WIDE短视频

　　WIDE短视频拥有大量高质感的视频素材，支持各种视频的拍摄和制作，无论是搞笑的短片，还是严谨的科普视频，它都能出色地完成，如图2-25所示。该软件内既有兼具效果滤镜和旁白配音的视频制作专区，又有可供分享和社交的视频社区。

图2-24　iMove剪辑

图2-25　WIDE短视频

第 3 章

内容策划：爆款短视频运营实战攻略

定位：抖音内容定位的3个维度

随着抖音的内容生态不断完善、商业变现模式日益多元化，抖音平台的内容创作者数量也呈现出爆发式增长的态势。对于内容创作者而言，要想在激烈的市场竞争中占得一席之地，就必须对目标用户给予高度的重视，深度挖掘目标用户的痛点与需求，不断提高目标用户的内容体验。

账号定位：表现形式+表现领域

账号定位即确定账号主攻方向，为内容策划、生产、制作、运营奠定基调。账号定位的精准度越高，定位领域的垂直度越高，吸引的粉丝就越精准，商业变现也就更容易实现。对于刚开启抖音之路的新运营者来说，应该如何做好账号定位呢？

虽然做好账号定位需要考虑的因素有很多，但可以用一个公式进行概括，即账号定位=表现形式+表现领域，如图3-1所示。

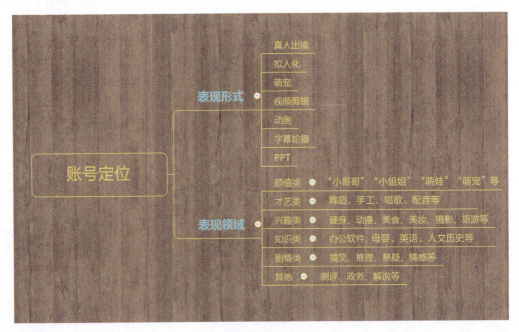

图3-1 账号定位

1. 确定账号的表现形式

抖音平台上的内容根据创作形式的不同，大致可以分为两类：一类是真人出镜的内容，另一类是非真人出镜的内容。其中，非真人出镜内容还可以分为拟人化、萌宠、视频剪辑、动画、字幕轮播、PPT等多种形式。

这两类内容相比较，真人出镜的内容更容易赢得用户好感，获取用户信任，与用户建立更紧密的联系。而且，对抖音平台上的内容进行分析可以发现，头部内容大多是真人出镜的内容。因此，如果能够出镜的真人颜值高、镜头表现力强，最好选择真人出镜。

2. 确定账号的表现领域

（1）发挥自己的优势

想要打造爆款短视频，创作者必须了解自己的优势，以确定账号的表现领域，从而策划并制作内容。在抖音平台，广受大众喜爱、点击率较高的热门内容大致可以分为以下几类，如表3-1所示。

表3-1 抖音热门的短视频内容类型

热门类型	具体内容
颜值类	该类短视频主人公颜值很高，也可以是萌娃或者萌宠
才艺类	该类短视频主要展示某项才艺，例如舞蹈、唱歌、手工、配音等
兴趣类	该类短视频主要吸引有相同兴趣的用户点击观看，例如健身、动漫、美食、美妆、摄影、旅游等
知识类	该类短视频主要讲解某个领域的专业知识，例如办公软件、母婴、英语、人文历史等
剧情类	该类短视频会在较短的时间内展示一个比较完整的剧情，常见的主题有搞笑、推理、悬疑、情感等
其他	其他类型的热门内容包括软件或产品测评、体育赛事或者游戏解说、政务等

（2）明确主攻领域，垂直化输出内容

运营抖音号时，明确自身定位、专注于一个垂直领域的优势主要体现在以下几个方面。

- 强化与粉丝之间的关联，让粉丝产生需求后可以第一时间联想到自己。例如，粉丝想要观看宠物类短视频，会第一时间想到该领域某知名账号。
- 可以获得抖音官方添加的垂直标签，提高内容推送的精准度。例如，某账号的定位是美食，持续发布与美食有关的短视频，就会获得平台添加的"美食"标签，该账号发布的短视频内容就会精准推送给对美食感兴趣的用户。
- 有利于商业变现，便于吸引目标粉丝，提高粉丝价值与黏性，疏通变现渠道，增强内容转化效果。

受众定位：精准洞察用户的痛点与需求

对于创作者而言，应该把创作的每一个短视频都看作是自己的产品。而任何能受到用户青睐的产品无一不具备用户需要的价值内容，因此，只有用户真正需要的和具备价值的产品才能给用户带来愉快的使用体验。

由此可见，抖音的创作者在策划短视频内容时，应该把焦点集中在解决用户的实际需求或痛点上，厘清自己的作品能吸引哪个用户群体。

如何才能清楚用户的需求呢？核心要点在于创作者必须站在目标用户的角度思考问题——了解目标用户的兴趣、爱好和行为路径，分析他们的需求，预测他们可能遇到的问题，最后合理规划短视频内容。

例如，要打造一个定位为"幼儿手工制作"的抖音号，可以从以下几个方面着手分析。首先，对幼儿手工制作短视频感兴趣的用户可能包含手工爱好者、幼儿父母、幼师等。其中，幼儿父母关注手工制作类账号往往是为了培养孩子的动手能力，或者通过手工制作培养亲子感情，又或者是为了完成老师布置的亲子手工作业。

那么，他们在关注短视频账号之前可能会思考：既简单又充满创意的手工制作有哪些？能使自己与孩子产生更多互动的手工制作有哪些？如何才能让手工制作与学校要求的主题相契合？针对这样的思路，创作者应该解决的问题包括：哪些手工制作主题是学校老师经常布置的？如何根据这些主题设计手工操作教程？

由此可见，从目标用户的需求出发才是短视频内容策划的关键。根据目标用户的思路挖掘他们的需求，再有针对性地给出解决办法，才能更加细致、无误地选定短视频的主题内容。

抖音内容策划的三大原则

抖音内容策划要秉持三大原则，分别是价值原则、差异原则和持续原则，如图3-2所示。

图3-2 抖音内容策划的三大原则

1. 价值原则

很多用户观看短视频是为了从中获取价值。换言之，在抖音平台，只有有价值的内容才能吸引用户观看，只有输出有价值内容的账号才能获得用户的关注。所以，在策划内容时，创作者必须明确一点：这条短视频能为用户带来什么价值？如果内容的价值点清晰，就可以着手制作。

2. 差异原则

随着抖音平台上的短视频越来越多，创作者要想给用户留下深刻的印象，必须策划具有差异性的内容。在这方面，创作者可以采用的方法有很多，如采用多元化的拍摄手法、别出心裁地规划拍摄场景、选择特殊的视觉特效等。

3. 持续原则

持续原则指的是创作者要持续输出内容。按照抖音平台的算法与规则，如果账号的内容输出经常中断，账号权重就会下降，用户就容易大量流失。因此，创作者想要打造爆款短视频，必须在精准定位的基础上，持续生产、输出优质的短视频内容。

选题：创意选题策划的5个要点

对于创作者来说，创意选题策划非常具有挑战性。许多创作者投入了大量时间与精力去思考选题的创意性，最终制作的短视频效果却不尽人意。其实，进行短视频创意选题策划主要有5个要点，如图3-3所示。

图3-3 创意选题策划的5个要点

以用户体验为目标

进行短视频创作的一个重要目的就是让用户获得一些实用价值。因此，创作者在策划选题时首先应该考虑的问题是，该短视频能为用户带来什么？具体来看，在创意选题策划方面可以考虑以下两个方向。

1. 新奇的内容

以美妆产品为例，新产品上市容易吸引大量关注，如果创作者借新品上市这个热点策划一期产品测评的短视频，就可能获得极高的播放量。另外，挖掘旧产品的新功能的内容也具有极强的吸引力。

2. 实用的内容

内容的实用性越强，播放量就可能越高。以某测评抖音号为例，该抖音号在视频中对华为Mate40 Pro这款手机进行了全面讲解，包括外观设计、性能测试、影像体验等，并演示了整个体验过程，如图3-4所示，因而该视频得到了广泛传播。

图3-4 实用类短视频内容

做新鲜有创意的选题

抖音平台的头部账号有一个共同点，无论内容还是形式都非常新颖有趣。例如某知名博主创作的内容经常另辟蹊径、出其不意，包括"美女的烦恼你们根本就不懂""这些年我与"双11"的爱恨纠葛"等。在形式方面，独特的变音、夸张的表情等也帮助该博主形成了鲜明的个人特色。

创意选题固然有利于脱颖而出，但创意也意味着风险。如果创意不被用户接受，前期的付出就可能付之东流。所以，创作者要科学评估创意与风险之间的关系，如果风险过大就应该稳扎稳打，降低试错成本。

选择互动性强的话题

抖音平台虽然与常规的社交软件有所不同，但仍具有比较强的社交属性。因此，根据平台的特性策划相应的内容才是正确的做法。创作者在策划短视频内容时需要注意与用户之间的互动。一切优质内容的制作都是围绕用户展开的，以用户为中心制作互动性较强的短视频，不仅更容易获得用户的认可，还能促使用户点赞、评论和转发。

在策划短视频内容时，创作者应该尽量选择一些新颖、互动性强的话题。例如，旧物利用就是一个很好的话题，创作者可以向大家展示如何将旧衬衫改造成流行款式的连衣裙等。类似的干货教程视频在抖音平台上的点赞量、转发量都非常可观。健身也是一个备受用户关注的话题，创作者可以制作一些利用生活物品巧妙健身的干货视频，并与用户就健身相关话题展开互动。在设计互动性话题的同时，创作者还可以在短视频中设计一些易于引发大家思考和讨论的"点"，并主动抛出问题，引发用户留言讨论。

借势热门话题

与普通话题相比，热门话题更能抢占流量高地，大部分用户对热门话题的关注度要远高于对普通话题的关注度。因此，借助热门话题来策划短视频内容可以起到"吸睛"的效果。

但需要注意的是，热门话题只是创作短视频内容的一个切入点，如果不加甄别，强行使用与视频内容不相关的热门话题或者低俗、敏感的热门话题，很可能会造成不良的社会影响。这不仅会影响粉丝对创作者的好感度，还可能影响账号的权重。为避免短视频内容与账号垂直度偏差太大，创作者在策划短视频内容的，务必选择合适的热门话题。

内容积极向上，远离敏感词

创作者在策划短视频内容时，一定要秉持正确的价值观，以积极的内容为导向，远离低俗、淫秽、暴力等违规违法的内容。另外，抖音平台会限制一些敏感词，带有敏感词的视频往往不能通过平台审核。如果短视频内容滥用敏感词，账号不仅会被降权，甚至还会面临封号的风险。因此，创作者需要关注抖音平台官方动态，了解平台现有内容创作的规则及关于禁用词汇的通知，避免短视频的内容出现敏感词。

随着短视频行业的不断发展，创作者要想在短视频的浪潮中占得先机，就需要挖掘用户的核心需求，持续输出互动性强、参与度高的特色内容谨慎使用热门话题，避免使用敏感词。独树一帜的优质内容不仅能更好地增强用户黏性，还能促进账号的可持续发展。

脚本：撰写短视频脚本的5个步骤

短视频的最大特点就是短小精悍，虽然时间短，但每一个镜头都是经过精心设计的，而镜头的设计离不开脚本。脚本指的是戏剧表演或者影视剧拍摄所依据的底本，短视频的脚本指的就是短视频拍摄所依托的底本，即故事发展大纲。

在拍摄短视频之前，创作者要先确定内容架构，也就是要先确定拍摄大纲，然后完善拍摄细节，例如确定故事发生的时间、地点、人物；各个人物之间的关系、台词、动作、情绪等；拍摄景别及运镜方式；等等。在短视频拍摄过程中，参与拍摄的人员（包括摄影师、演员、剪辑师、服装师、道具师、录音师等）的一切行为都必须服从脚本，保证拍摄过程有序进行。

短视频脚本的三大类型

短视频脚本有三大类型，分别是拍摄提纲、分镜头脚本和文学脚本，如图3-5所示。

图3-5 短视频脚本的三大类型

1. 拍摄提纲

拍摄提纲是针对短视频拍摄制定的拍摄要点，主要在短视频拍摄过程中发挥提示作用。如果创作者预测在短视频拍摄过程中会出现一些不确定因素，可能给短视频拍摄造成不良影响，或者有些场景无法预先分镜头，就可以和导演、摄影师等工作人员共同商讨制定拍摄提纲，以便在拍摄过程中对突发的各种情况进行灵活处理。

2. 分镜头脚本

分镜头脚本又称"摄制工作台本"，是创作者将文字转换为视听语言与画面表达的媒介。分镜头脚本的作用，就像构筑高楼大厦的图纸，是视频拍摄和后期制作的依据。其主要任务是根据文学脚本来设计相应的视觉画面、背景音乐、人物动作及台词等，帮助创作者整体把握视频的节奏和风格。一般来说，分镜头脚本包括画面内容、景别、拍摄技巧、时间、机位、音效等多种因素。创作看在撰写分镜头脚本时必须尽可能考虑到所有细节，包括镜头的长短、每个画面的拍摄时间等。

3. 文学脚本

文学脚本广泛应用于不需要剧情的短视频创作，如教学视频、产品测评、热点评论等。文学脚本会将所有可控因素的拍摄思路罗列出来，如人物台词、人物需要完成的任务、镜头的选择、拍摄时长等，但不会像分镜头脚本那般细致。

从整体来看，拍摄提纲适用于新闻类短视频拍摄，分镜头脚本适用于故事性较强的短视频拍摄，文学脚本适用于剧情较弱的短视频拍摄。在具体拍摄过程中，创作者要根据短视频类型选择合适的脚本。

撰写短视频脚本的5个步骤

撰写短视频脚本大致需遵循以下5个步骤，如图3-6所示。

图3-6 撰写短视频脚本的5个步骤

1. 拟大纲，建框架

拟定大纲的目的主要在于对人物与环境之间的关系进行设计，根据账号定位确定选题，搭建故事框架，确定故事人物、拍摄场景、拍摄时间、拍摄道具，然后进行故事创作。

2. 定主线，有支撑

对于一个短视频来说，主线是关键要素。无论剧情类脚本，还是测评类脚本，只有围绕主线展开，内容才会变得丰满、有价值。以知名动画类账号为例，这个账号发布的所有短视频都是围绕故事展开的，小和尚向师父提出一个问题，师父围绕问题进行阐述，引申出许多人生哲理。而这些故事都有一个主线，即对生活的感悟、对情感的感悟等，如图3-7所示。

图3-7 示例抖音号

3. 场景设计

短视频最显著的特点就是时间短。创作者想要在短则十几秒、长则几分钟的时间里将一个主题阐述清楚，必须对场景进行优化设计，让用户产生身临其境的感觉。例如，某账号想要拍摄一个发生在商场中的故事，却将拍摄地点选择在办公室，自然无法让用户产生代入感。如果条件允许，可以尝试使用特效丰富短视频拍摄场景。

4. 把控好时间

进行短视频拍摄时把控时间的主要目的就是留住用户。例如，对于一个15秒的短视频，为了提高用户的观看率，必然要在前3秒设置一些爆点，激发用户的观看兴趣；而对于一个1分钟的短视频，则可以在15秒的位置设置一个反转点，吸引用户继续观看。

5. 主题升华

短视频必须具备一定的价值才能吸引用户观看，获得用户点赞。这里的价值不局限于知识性价值，还包括娱乐性价值。为了让用户感知到短视频的价值，创作者在撰写短视频脚本时必须对短视频内容、主题进行升华，吸引用户点赞、评论、转发等。

文案：创作短视频内容的6种方法

正面描写

正面描写就是用生动的语言将人物、景物的状态直接描绘出来的写作方法，常用于记叙文和文学写作，这种写作方法在抖音平台也广为应用。在抖音平台，短视频创作的正面描写指的是将产品的功能、特性直接展现出来，这种方法适用于自带话题性和趣味性的产品。

以某抖音号拍摄的手机壳自拍杆产品为例，其将手机壳、自拍杆、手机支架结合在一起，自拍杆可以折叠收纳到手机壳里，手机壳也可以从中间打开变成一个手机支架。拍照时，只需将隐藏在手机壳后面的自拍杆拉出即可。这款拍照神器在抖音发布之后，引发了广泛关注，成为爆款产品。而之所以能取得如此好的效果，是因为产品本身自带话题。视频通过正面描写的方法将产品的特性直接展现出来，引起了广泛关注。

侧面描写

侧面描写的创作方法指的是用周边物品衬托产品的优点，比如，要在抖音平台推广一款化妆品，除这款产品本身外，还可以围绕产品的包装盒、说明书、优惠卡等制作周边产品，带给用户惊喜。

对于缺乏鲜明特点的产品来说，侧面描写可以很好地凸显产品优势。但需要注意的是，这种方法对撰写文案的运营人员、宣传人员的要求较高，需要他们具备一定的运营技巧与宣传技巧。

夸张

夸张的创作方法指的是立足于客观现实，有目的地放大或缩小事物的某种特征，从而达到增强表达效果的目的。

从本质上来看，夸张与正面描写非常相似，都展现了产品本身的特点。只不过正面描写是客观陈述，夸张是选取产品的某些特征，用艺术化的方式呈现出来，带给用户强烈的感受，增强用户对产品的感知与记忆。比如，某品牌汽车为了突出"空间大"这一特点，其推广视频将12个人"藏"到了后备厢，给人留下了深刻的印象。

借景抒情

借景抒情的创作方法指的是带着强烈的主观情感对客观事物进行描述，将自身想表达的情感寄托在描述的事物或情景中。在抖音平台，这类"景"主要指的是现实生活中的场景，产品质量如何无须商家自己介绍，可以通过顾客排队购买、满意微笑等情景展现产品的受欢迎程度。

比如"脏脏包"的推广视频中，商家无须过多介绍这款产品，只将顾客排队购买脏脏包、食用脏脏包的短视频发布到抖音平台，就能给顾客留下"脏脏包好吃""店铺生意火爆"的印象，吸引顾客前来购买。

衬托

衬托的创作方法指的是将宣传的产品植入某个生活场景，以突出产品的优点。比如，抖音平台某服装店的店员快速整理服装的短视频吸引了大批用户观看，从表面上看这是一个介绍生活小窍门的短视频，但因为视频中的背景墙上有一个大大的该品牌的标识，该品牌就给用户留下了深刻印象，起到了一定的宣传效果。

白描

白描的创作方法指的是用简单的描述将事物生动鲜明的形象展现出来，在整个过程中基本不加任何修饰与烘托。比如，A、B两家企业生产的产品相差无几，但A企业的员工待人热情、非常有活力；B企业的员工待人冷漠，企业内部充满斗争。如果消费者看到这两家企业的不同情形，大多会毫不犹豫地选择第一家企业消费。

所以，企业可以将办公室文化、员工趣事等内容通过白描手法展现出来，拉近与用户的距离，增强用户黏性。比如，支付宝将员工工作日常制作成短视频发布到抖音平台，吸引了大量用户观看，获得了很好的宣传效果。

推荐：提升账号权重的3个技巧

对抖音的创作者而言，账号权重直接影响作品的曝光度。如果账号权重过低，其发布的短视频很难得到广泛传播，也无法被更多用户看见。反之，如果账号权重高，其发布的短视频就会被平台大力推荐，相应的播放量也更高。

利用抖音的推荐算法

抖音对短视频的推荐流程大致如下：短视频发布后，会有部分用户浏览到该短视频，然后，平台根据这部分用户的观看时长、点赞量、评论量等数据对该短视频进行评分，如果评分较高，就将其推荐给更多同群体用户；如果评分不高，就会减少推荐。

从本质上来看，抖音的智能推荐算法就是先给内容、用户添加标签，然后通过算法对内容标签和用户标签进行匹配，根据互动量决定接下来要面向多少用户分发短视频。简单来说就是，抖音平台会根据点赞量、关注数、评论量、转发量等指标对短视频进行评分，评分达到一定的数值，就会将短视频推送到一个更大的流量池。

抖音短视频的构成也比较简单，主要分成4个部分，分别是视频本身、描述、点赞量、评论量。通过对抖音现有的短视频进行分析发现，大部分短视频的播放量为几百次，点赞量和评论量不超过10个，这样的短视频自然无法获得平台分配的流量。也就是说，这类短视频因点赞量、评论量较少，被抖音判定为"不优秀"，因而无法获得平台推荐。

面对这种情况，创作者需要提升短视频的数据表现，具体操作方法可以参考表3-2。

表3-2 提升短视频数据表现的操作方法

序号	操作方法
1	在短视频文案或内容中引导用户点赞、评论、转发，例如"喜欢这条短视频的话记得点赞转发，让更多人看到哦！"
2	在短视频描述中设置一些能够与用户互动的问题，引导用户参与评论，例如"如果你是短视频的主人公，遇到这种情况会怎么做呢？"
3	创作者要关注评论区，通过回复用户评论将短视频的核心观点提炼出来，引导更多用户参与话题讨论。很多创作者都会忽略对用户评论的管理，但其实做好用户评论管理可以极大地提高短视频被推荐的概率
4	在策划短视频时可以准备几个可能引发争议的评论，在短视频发布之后，将评论发布出来，引导其他用户参与讨论

巧避瀑布流

抖音会根据用户标签为其推荐大量相关短视频，这就是所谓的"视频瀑布流"。用户一时间接收到大量短视频，必然会无从取舍。在这种情况下，短视频如何才能在众多"同标签"的短视频中脱颖而出呢？如何才能在第一时间吸引用户的注意力，刺激用户点击观看，甚至在看完后评论、转发呢？具体操作方法如表3-3所示。

表3-3 巧避瀑布流的操作方法

操作方法	具体内容
首帧画面	如果一则短视频无法在3秒内吸引用户关注，就会失去被播放的机会，直接被用户跳过。所以，创作者必须注重首帧画面，在创作过程中注入更多巧思与创意，吸引用户点击观看
标题文案	一个优质的短视频标题文案可以准确传递短视频信息，激发用户观看短视频的好奇心，引导用户观看完整的视频内容
头像标识	抖音号的头像在一定程度上代表着创作者的形象，可以向用户精准地传达创作者的个性特征，给用户留下深刻印象，让用户对创作者产生浓厚的兴趣

巧避归零推荐

根据抖音的推荐机制，所有的短视频都会进入一个流量较小的基础流量池，然后平台根据用户反馈（播放量、点赞量、评论量等）决定是否大力推荐。在这种内容推荐机制下，创作者应该如何吸引用户关注短视频呢？

1. 发布有上下集关系的短视频

如果一个短视频内容较多、时长过长，可以拆分成多集发布，引导用户关注账号，获取更多内容。为了达到这一目的，创作者要在短视频文案上给出明显的提示，在上集短视频结尾留下悬念，激发用户的好奇心，引导用户观看下集。

2. 发布有系列关系的短视频

如果短视频内容非常多，可以策划成一个系列。对于这类短视频，创作者在发布时要在文案标题中标注清楚，说明用户正在观看的短视频是这个系列的第几集，从而引导用户观看该系列的其他短视频。

3. 发布有伏笔关系的短视频

为了吸引用户持续观看，创作者可以在短视频结尾留下伏笔。例如，推理系列短视频采用的就是这种方式，用悬念式的结尾激发用户的好奇心，吸引用户关注账号并等待下一集短视频的发布。

4. 坚持生产优质内容

某些短视频发布之初可能没有引起太多关注，但只要内容够好，就有可能在未来的某个时间段爆火，播放量飙升。对于短视频账号来说，如果有一个短视频爆火，其他短视频也能获得不错的流量。

总而言之，在抖音平台，只有提高账号权重，其发布的短视频才能被更好地推荐。创作者在提高账号权重时，要对上述3种方法灵活使用，推动作品进入更大的流量池。

第2篇
蓝V运营篇

第 **4** 章

实战攻略：抖音企业号运营操作技巧

蓝V认证：抖音时代的流量洼地

目前，在短视频营销领域，"两微一抖"格局愈加明晰，越来越多的企业入驻抖音，探索新的营销方式，并创造了一系列新玩法，获得了流量与金钱的双重收益。

2018年6月，抖音企业号正式上线，即所谓的"蓝V认证"。蓝V认证是抖音面向企业推出的一项功能，通过认证的企业可以获得抖音官方提供的认证标识，如图4-1所示，利用官方身份发布内容，构建内容营销闭环。

蓝V认证权益解析

通过蓝V认证的企业还能获得很多特殊的权益，具体如表4-1所示。

图4-1 抖音蓝V标识

表4-1 蓝V认证权益一览

产品优势	认证权益	具体内容
打品牌 帮助各行各业，快速建立自己的品牌	认证企业标识	提升企业权威性，增强用户信任感
	账号昵称唯一	保护品牌价值，避免山寨假冒风险
	企业品牌名	增强品牌认可度，树立清晰的品牌形象
做推广 面向海量客户，真实展示产品和服务	智能剪辑工具	上传素材智能合成视频，简单、省时、高效
	运营案例精选	获取与企业相关的热门短视频，助力短视频创意策划
	找达人拍短视频	为企业提供内容制作及品牌推广的达人合作资源
找客户 从关注到互动，吸引更多有价值的客户	私信管理功能	支持私信关键词回复、自动回复等设置，提升企业与粉丝私信沟通的效率
	粉丝标签管理	帮助企业分组运营粉丝，促进粉丝与企业的互动
	粉丝画像服务	通过数据助力企业洞察粉丝的年龄段、性别、地域等画像信息，帮助企业科学运营账号
带销量 从种草到拔草，低门槛实现在线成交	企业直播特权	通过悬挂直播转化组件，企业可在直播间展示团购、预约服务等信息，实现直播转化
	官网电话组件	企业主页可添加电话、官网链接等，用户可根据主页信息拨打电话或浏览企业网络，实现流量转化
	配置卡券活动	为企业提供0门槛、0佣金、试用、团购服务，帮助线下店铺实现在线成交获客（目前仅支持指定行业开通团购相关服务）

蓝V认证的四大价值

成功的营销必须紧跟用户诉求，而抖音可以帮助企业对用户进行精准定位，根据用户诉求设计营销活动，构建营销闭环。抖音平台的信息量庞大、信息密度高，只要消费者在平台停留，抖音就可以帮助企业发现用户诉求，保证营销活动的开展效果。

对于企业营销来说，蓝V认证可以为其带来四大价值，如图4-2所示。

图4-2 蓝V认证的四大价值

1. 品牌价值：官方形象承载阵地

根据抖音蓝V认证的相关规定，只要企业通过蓝V认证，其账号在抖音平台就具备了官方属性，具有一定的权威性，其他企业或个人不能再注册相同名字的账号。这样一来，企业就在抖音平台获得了一个固定的营销阵地，可以扩大影响力。

通过蓝V认证的企业可以获得平台提供的主页定制功能，自主添加内容，将账号营销阵地的功能充分发挥出来，展现企业特色，在抖音用户心目中树立独具特色的企业形象，加深用户对企业的了解。

2. 用户价值：释放粉丝影响力

对于企业来说，每一个粉丝都是一个潜在的目标用户。企业要关注这些用户，对用户价值进行深入挖掘，释放用户的价值与影响力，完成流量转化与变现，进而为企业带来更多新用户。

在用户管理与维护方面，抖音为企业提供了很多实用的工具，可以帮助企业增进与用户的交流和互动，充分释放每一位用户的价值。

3. 内容价值：拓展更多营销场景

企业通过蓝V认证之后，可以获得平台提供的更丰富的互动内容形式、更强的内容扩展性，可以开展碎片化营销、场景化营销，吸引用户积极参与互动，在互动过程中发挥自己的价值，更好地实现营销目标。

在日常营销过程中，企业可以利用平台提供的卡券、购物车等功能开展线上营销；认领POI（Point of Interest，兴趣点）打通线下门店，完成从线上到线下的引流；在平台的支持下发起话题挑战赛，增加账号的曝光度，为账号吸引更多粉丝。

4. 转化价值：实现流量入口全覆盖

通过蓝V认证的企业可以通过多种途径搭建"种草—转化"闭环，并借助视频入口、主页入口、互动入口实现"边看边买"，缩短营销路径，完成流量转化与变现。

认证流程：企业号认证的操作步骤

根据抖音官方发布的文件，已经通过认证的企业号，也就是蓝V，每年缴纳600元的审核服务费，就可以享受所有认证企业号的功能特权；没有开通企业号的抖音号可以免费开通，试用期为60天，在试用期结束前上传企业的营业执照，可以正常使用一年，享有部分认证企业号的功能特权。

试用版企业号与认证企业号的区别

试用版企业号与认证企业号的区别主要表现在以下几个方面。

（1）试用版企业号无法享受POI认领和卡券功能，不能登录PC端的E后台，但是可以通过智能手机、平板电脑等进入【企业服务中心】设置功能。

试用版企业号的开通流程如下：打开抖音，切换至【我】，点击右上角【≡】图标，点击【创作者服务中心】，在【通用能力】功能模块中点击【免费开企业号】，进入【试用企业号】页面，勾选【同意并遵守《抖音试用及普通企业号服务协议》】选项，再点击【0元试用企业号】。具体如图4-3所示。

图4-3 试用版企业号的开通流程

64

（2）目前，试用版企业号没有外显标识，如果想要显示蓝V身份标志，需要付费申请认证企业号。

（3）一个抖音号只有一次申请试用企业号的机会，只要在试用期结束前上传营业执照即可正常使用一年，享有部分认证企业号的功能特权（不含蓝V身份标识）。

（4）认证企业号可以使用的功能特权比试用版企业号多，并且可以显示蓝V身份标识。

抖音企业号认证流程

1. PC端抖音企业号认证流程

PC端抖音企业号的认证流程如下。

步骤01 登录抖音官方网站，进入企业认证入口，单击【立即认证】，如图4-4所示。

图4-4 立即认证

步骤02 进入企业认证页面后，单击【开启认证】，如图4-5所示。

图4-5 开启认证

步骤03 单击【开启认证】后，即进入【填写企业信息】页面，企业用户根据抖音认证要求提交审核资料即可，具体如图4-6所示。

图4-6 填写企业信息

步骤04 企业信息填写完毕后，即进入【身份验证】页面。企业用户根据要求提交验证信息即可，如图4-7所示。

图4-7 身份验证

身份验证有两种方式：人脸识别与打款验证。如果企业用户选择【人脸识别】验证，那么在单击【确认信息】后，通过移动端抖音号扫描二维码，然后由法人进行人脸识别验证即可；如果企业用户选择【打款验证】方式，需输入开户行与银行卡号等信息，如图4-8所示，单击【下一步】，会自动跳转到【平台打款】页面。

图4-8 身份验证

第 4 章 实战攻略：抖音企业号运营操作技巧

步骤05 单击【立即付款】后，会自动跳转至支付页面，可选择微信或支付宝扫码支付，如图4-9所示。

图4-9 支付审核费用

步骤06 支付成功后，账号状态将显示为【审核中】。提交后2个工作日完成资质审核，审核过程中将有第三方审核公司向企业用户预留手机号码致电，核实信息。注意关注电话并按审核公司要求修改或补充资料。如资质无误，2个工作日后即可完成认证。

2. 移动端抖音企业号认证流程

移动端抖音企业号的认证流程如下。

步骤01 打开抖音App，切换至【我】，点击右上角【≡】图标，点击【创作者服务中心】，在【通用能力】功能模块中点击【官方认证】，如图4-10所示。

图4-10 官方认证

67

步骤02 进入【抖音官方认证】页面后，点击【企业认证】选项，进入个人主页后，点击头像右侧的【点亮蓝V】，进入【开通企业号】页面，点击下方的【去认证】按钮，如图4-11所示。

图4-11 去认证

步骤03 点击【去认证】后，企业用户根据自身情况选择【行业分类】【公司注册地】【公司经营地】，并上传企业营业执照，点击【同意并遵守《抖音试用及普通企业号服务协议》】选项，然后进入【企业验证】页面，点击【立即验证】，根据平台要求提交验证信息，如图4-12所示。

图4-12 企业认证

步骤04 移动端抖音企业号认证的打款验证方式，与PC端验证别无二致，如图4-13所示。支付成功后，账号状态将显示为【审核中】。如资质无误，2个工作日后即可完成。

图4-13 打款验证

运营规划：掌握3H内容规划法

　　随着抖音用户规模不断增长，抖音平台也吸引了越来越多的企业入驻。一方面，抖音企业号为企业营销提供了有力的工具；另一方面，抖音企业号也为抖音平台贡献了很多优质的内容，是抖音生态的重要组成部分。相较于抖音平台的其他账号来说，抖音企业号可以获得更多推荐，与用户更好地互动。

　　虽然企业可以通过抖音企业号获得自己所需的资源，实现营销目标，但为了保证营销效果，企业必须做好运营规划。抖音企业号与个人号不同，展现的是企业的整体风格与调性，是企业输出企业文化与企业理念的重要通道。所以，抖音企业号必须在认证之初就做好定位，且不能随意改变。

　　那么，在认证初期，抖音企业号应该如何做好运营规划呢？

人格化打造：确定品牌风格与调性

　　企业号运营有一个关键词——人格化，即确定账号风格与调性，树立一个个性鲜明的"人设"。人格化是企业号运营的关键环节，只有做好人格化，企业才能确定自己的内容形态，保证内容传播的精准性、有效性，推动营销目标顺利实现。

1. 企业号运营的基础操作

企业号运营的基础操作需要注意以下4个要点,如表4-2所示。

表4-2 企业号运营基础操作

基础操作	具体内容
账号简介	账号简介直接影响着用户对账号的第一印象,所以,企业号的简介必须简单直白,表现出鲜明的个性特征
短视频封面	短视频封面相当于其"脸面",直接影响着短视频的吸引力。短视频封面设计必须做到内容与形式统一,增强画面的视觉张力,带给用户一定的视觉冲击
短视频内容	短视频内容必须与账号风格、定位保持一致,不能一味地追逐热点
互动行为	企业号要关注评论区的用户留言,积极与用户互动,且互动时尽量使用具有亲和力的语言,回答问题时则要注意语言的专业性与权威性

2. 四象限剖析企业号风格

如果以内容的原生度为纵坐标,以账号功能和形象为横坐标绘制一个象限图,可以得出四种风格的账号,分别是功能演绎型账号、形象塑造型账号、理念表达型账号和卖点展示型账号,如表4-3所示。

表4-3 四种风格的抖音企业号

账号风格	主要特征
功能演绎型账号	内容原生度较高,擅长利用抖音热门功能创作内容,用户对这类短视频内容的接受度很高
形象塑造型账号	内容原生度较高,功能性较差,擅长塑造、传播企业形象,以提高用户对企业的认知度与接受度
理念表达型账号	内容原生度比较低,延续了企业调性与标签,擅长传播企业理念
卖点展示型账号	内容原生度较低,擅长挖掘产品卖点,吸引用户选择购买

整体运营:掌握3H内容规划法

在确定了账号的风格与调性之后,企业号就要开始规划内容了,即确定内容类型。在这个过程中,账号运营人员可以采取3H内容规划法,即Hotspot(热点型内容)、Hashtag(标签型内容)、Headline(广告型内容)3种内容规划法,如图4-14所示。

图4-14 抖音企业号的3H内容规划法

1. Hotspot（热点型内容）

热点型内容即追随平台热点，着重强调内容的新鲜度。这类内容的主要目的是凭借优质的内容让用户对账号产生兴趣，增加内容的点赞量，提高账号的关注量。一般来讲，热点型内容可以划分为两种类型。

- 社会热点内容：即借助社会热点创作的内容，比如一些特殊的时间节点，如端午节、重阳节等重要节日，"双11""6.18"等营销节点等。
- 平台热门内容：即借助平台的热门话题、热门背景音乐、热门舞蹈等创作的内容。

以小米手机在母亲节开展的内容营销为例进行演示。在母亲节前夕，小米手机以抖音热门歌曲《纸短情长》为背景音乐，对其中的一段歌词进行了改编："怎么会生下了他，并决定养他长大，放弃了我的所有我的一切无所谓……"，并以漫画的形式呈现了一位母亲陪伴儿子长大的全过程。视频最后响起小米手机独特的铃声，远方的儿子通过电话传达对母亲的感情："喂，妈，我爱你。"这条短视频就是一条非常典型的热点型内容。

2. Hashtag（标签型内容）

标签型内容是企业打造的连续性的主题或活动，前后内容非常连贯，可以形成系列化的整体，而且极具个性。这类内容具有明确的营销目的，注重评论量与关注量，借个性化内容吸引更多粉丝，并与粉丝保持密切互动。具体来看，标签型内容主要包括以下4种形态。

- 加强与企业产品之间的关联。
- 强化企业"人设"，包括性别、年龄、性格、社会关系、价值观等能够代表企业特色的因素。
- 体现账号风格，企业号常见的内容风格包括情景剧类、知识技能类、剪辑创意类、办公室段子类等。
- 强调企业内容，包括企业LOGO、产品、门店、企业音乐等。

"欢乐长隆"是最早通过抖音蓝V认证的账号之一，截至2021年7月，该账号已经积累了超过65万个粉丝。为了扩大知名度，吸引更多粉丝，"欢乐长隆"发起抖音挑战赛，例如#欢乐长隆#、#旋转跳跃我掉水逆#等。用户点击该账号主页的内容聚合区就能看到并参与这些挑战赛。正是凭借这些独具特色的标签型内容，"欢乐长隆"在抖音平台的营销活动取得了极大的成功。

3. Headline（广告型内容）

大部分企业都会在关键营销节点发布一些具有导向性的内容，这些内容就是广告型内容。这类内容的营销目的非常明确，就是要将企业信息或产品信息传播给目标用户，引导其购买产品，从而完成流量转化。对于这类内容，曝光量是关键考核指标。

2021年9月9日，某汽车有限公司为推广旗下2022款车型，在抖音平台上发起了一场名为"#懂我的神操作"的话题挑战赛。凭借极强的互动性和话题性，该挑战赛吸引了众多抖音优质视频达人的积极参与，从体验、视觉等不同的角度进行创作，成功引爆品牌话题热度。截至2022年1月，"#懂我的神操作"抖音挑战赛视频累计收获了16亿次播放量。

对于这3种类型的内容，热点型内容可以根据热点实时生产内容，对内容进行灵活规划；标签型内容可以按照周期进行规划，例如以月为周期、以季度为周期等稳定输出；广告型内容可以按照关键营销节点进行投放，使企业影响力快速提升。

三域曝光：构建品牌私域流量池

为了增加短视频的曝光量，企业号必须为内容增加更多入口，让内容在相关聚合页中呈现出来。除了视频信息流之外，内容还可以在相关话题页面、音乐页面中出现，从而被更多用户看到。为了让短视频获得更多"聚合页"流量，必须实现"三域曝光"，而这里的"三域"指的是公域、私域和商域。曝光域不同，相应的方法也存在较大差异。

公域曝光的方法

1. 在标题文案中加入热门话题

以小米为例，小米企业号发布了一条讲解手机拍摄技巧的短视频，并为其添加了一个热门话题#护航高考2021，如图4-15所示。这样一来，这条短视频可以同时出现在多个话题的视频聚合页中，播放量、点赞量、评论量都取得了不错的成绩。

图4-15 文案+热门话题

2. 利用抖音热榜

抖音热榜会实时更新，登上热榜的话题往往汇聚着海量流量。所以，企业号要善于通过抖音热榜挖掘适合自己的热门话题，利用这些话题打造热门内容。

3. 发布热门评论

企业号可以经常发布热门评论，增加在用户群体中的曝光度，也可以获得用户关注，借此获得更多流量。

4. 擅用热门音乐

音乐榜会实时更新一些音乐，这些在当下华语乐坛和抖音平台都具有极高的人气，如图4-16所示。榜单热度值会对歌曲的总投稿量、投稿视频播放量、音乐浏览量等数据进行综合考量，通过多维度的算法计算得出。

抖音的定位就是一个音乐短视频平台，所以音乐在抖音短视频中的作用不容忽视。借热门音乐制作短视频，不仅可以用音乐的热度吸引更多流量，还可以满足用户期待，获得用户喜爱。

图4-16 音乐榜

5. 发布短视频时添加发布地点

发布短视频时添加发布地点，不仅可以让内容出现在按照兴趣分发的视频流中，还可以让内容出现在地区推荐中，推送给附近的用户观看，拉近企业号与用户之间的距离。如果企业有线下门店，可以认领POI，将线下门店打造成一个"网红打卡地"。

私域曝光的方法

1. 点赞或回复用户评论

回复用户评论可以增加内容的曝光度，甚至可以让内容重复播放。抖音评论区有一种非常有趣的"翻牌文化"，即账号回复某个用户的评论会让用户感到幸运。在这种"文化"的引导下，用户会积极评论。被回复的用户也会获得更多点赞，进而提升对账号的黏性。

2. 矩阵化运营

一个企业可以在抖音申请多个账号，形成运营矩阵，增加与用户的接触点，吸引更多用户。企业的这些抖音号可以设置不同的内容方向，从而吸引不同群体的用户。而且这些账号之间可以相互引流，或者共同为企业的某个活动进行宣传造势，产生一呼百应的效果。

商域曝光的方法

商域曝光的逻辑非常简单，就是企业花费一定的资金购买平台流量，提升企业的影响力，拥有更多的曝光机会。

1. DOU+精准投放

企业号经过启动期之后，创作者会对账号内容进行评价，例如账号内容很优秀或账号内容反响平平，需要提升热度等。如果内容需要提升热度，账号就可以投放DOU+，通过"自然推荐+内容热推"提升账号与内容的曝光度。

2. 发起"抖音挑战赛"

企业号可以定制一些玩法，例如定制贴纸、定制音乐等，发起挑战赛吸引平台优秀的内容原创者参与，让他们成为内容传播者，进而获得更多曝光。在抖音平台，挑战赛是一个非常有效的运营工具，可以帮助企业获得更多商域流量，提高曝光率。

第 5 章

内容转化：提升品牌曝光率与转化率

内容种草：内容营销的方法

和传统的图文内容相比，短视频具有的直观性、软性植入、内容灵活、互动性强以及更加丰富多元化的特点，是品牌选择抖音营销的优势所在。未来随着更多产品的开发和品牌的崛起，短视频将放大消费者多样化互动的特点，增加内容创造的价值和附加属性。短视频用户群体覆盖广泛，年轻群体占据主导，为品牌营销积累优质粉丝资产提供了保障。

哪些品牌适合做抖音营销

想要找到这一问题的答案，首先应该厘清企业做抖音营销能够获得的价值。这种价值主要体现在两个方面：其一是促进产品与品牌曝光，达成更多的交易转化，提升企业经营业绩；其二是助力企业品牌建设，帮助企业树立良好的公众形象。

如果企业利益诉求存在差异，需要采用的方法自然也应该有所不同。结合诸多抖音营销案例来看，适合做抖音营销的品牌存在以下两种特质。

1. 拥有高频、场景化产品

高频产品是那些人们在日常生活或工作中需要经常使用的产品，这些产品已经经过市场考验，无须耗费较高的成本对用户进行普及。场景化产品则是强调能够利用可视化场景得到良好展现，能够给用户带来较强的冲击力的产品。餐饮、美妆等特别强调用户体验的产品，就是典型的高频、场景化产品。结合独特的抖音营销方法，可以将这些产品打造成爆款，帮助企业获得可观的利润回报。

2. 内容自带流量属性

有些品牌生产的内容天生适合在抖音平台投放，具有一些原生属性。例如有些短视频的主角是明星，具有明星属性；有些短视频的内容有收藏价值，具有知识属性，可以吸引用户持续关注，积累越来越多的粉丝。

想要打动用户，内容是关键。产品本身也是一种内容，而自带流量属性的内容，能够让用户产生持续关注的兴趣。因此，品牌方在运营抖音号时，在深入分析用户需求的同时，还要确保内容有趣、有料，从而有效增强用户黏性。

抖音内容营销的4种方法

目前，抖音平台上的内容营销方法大致包括以下4种，如图5-1所示。

图5-1 抖音内容营销的4种方法

1. 舞蹈+特效

通过对一些抖音爆款短视频进行研究，我们不难发现这些短视频在创作形式上有一些共同的特点：炫酷的特效、欢快的舞蹈、技术流剪辑、新奇的创意……这短视频满足了当代年轻人对时尚、潮流、个性的追求，因而在情感驱动下，用户会自发地进行传播推广，从而在极短的时间内为这些短视频带来海量曝光。

2. UGC+DIY

利用"UGC（User Generated Content，用户原创内容）+DIY（Do It Yourself，自己动手创作）"的方法打造抖音爆款短视频，比较适用于餐饮品牌，海底捞番茄牛肉饭、答案奶茶等都是利用这种方法的典型代表。一方面，通过短视频传播创意吃法极具表现力，而且抖音较高的用户活跃度与互动积极性等都有助于打造爆款短视频；另一方面，这种模式有助于吸引普通用户参与，其较强的体验感使用户的传播积极性大幅度提升。

通过"UGC+DIY"的方法，品牌不但可以获得较高曝光量，还能直接达成较高的转化量。从实践案例来看，"UGC+DIY"不仅适合餐饮品牌，也很合适3C类产品品牌、日化类产品品牌等。

3. 展示品牌文化

在市场竞争愈来愈激烈、消费者的消费观念逐渐多样化的背景下，消费者除了关心产品的质量、服务等之外，往往也会关注品牌文化。例如支付宝、小米等互联网企业将抖音视为自身连接用户的重要载体。这些品牌官方账号根据自身调性打造了具有差异化的形象。例如小米官方账号化身科技范儿白领形象，分享各种好玩有趣的办公室日常；支付宝官方账号自封"混得最惨的官方账号"，拉近自身和用户间的距离。

4. 产品植入

让产品出现在达人上传的短视频中，由达人亲身体验产品并给出好评，将广告与内容结合起来，这种方式能提高用户的接受度。产品植入的营销方法主要包括以下4种，如表5-1所示。

表5-1 产品植入的营销方法

产品植入	具体方法
台词植入	将产品品牌、功能推介等放到台词里向用户讲述，这种广告方式比较直接，有助于提高用户对品牌的认可度
道具植入	让产品作为道具出现在视频内容中。但需要注意的是，为了提高用户的认可度，在拍摄短视频时，要避免给产品过多的特写镜头
场景植入	让产品品牌作为背景的构成元素出现在短视频中，这种软性植入方式不会影响故事讲述，不容易引起用户反感
奖品植入	为用户派发奖品，促使他们对品牌进行关注并参与评论。举例来说，达人可以为用户提供店铺的优惠券，也可以为获奖者提供该品牌的产品

KOL互动：有效提高品牌曝光率

抖音凭借庞大的用户规模，吸引了大量演员和歌手、达人等KOL（Key Opinion Leader，关键意见领袖）群体入驻，而且抖音较强的互动性、较低的使用门槛，有助于普通用户和KOL实时沟通互动，在营销方面具备先天优势。

在发展初期，抖音便借助KOL群体为自身带来了海量曝光。比如，2017年8月，抖音和某歌手合作，邀请其分享挑战赛相关短视频，并创作活动主题曲《不服来抖》，该短视频仅3天时间便获得了亿级曝光量。

在推出挑战赛活动后，抖音邀请本身具有流量基础的KOL参与活动，通过内容营销扩大宣传，增加活动的曝光度，进一步调动用户参与的积极性，发挥演员和歌手、圈层达人、草根领袖的推广作用。

抖音平台的KOL互动营销，就是将演员和歌手、达人的特点、优势和需要宣传的产品相结合，借助音乐、舞蹈、萌宠等多种形式开展营销推广活动。需要注意的是，企业广告主在选择KOL互动营销时，重点需要把握短视频的内容质量。

为保证短视频投放取得良好的效果，可以从以下两方面入手：第一，扩大短视频的传播范围，将其推送给更多用户看到；第二，提高短视频的点击率，让更多用户看到短视频后点击观看。前者对应的是提高短视频的播放量，后者对应的是提高短视频的转化率。

提高播放量

达人的创作能力与创作水平在很大程度上影响着短视频的播放量。具体来看，不利于短视频播放量提高的因素主要有两点。

1. 广告篇幅过长

很多用户都非常反感广告，尤其是在短视频中植入的广告。如果在看短视频的过程中遇到广告，用户可能会暂停互动行为，给广告的最终播放量带来不良影响。因此，为了提高广告短视频的播放量，最好的方式就是缩短广告露出的篇幅，将产品卖点凝练成几句话，尽量减少其对整体内容的影响。

2. 不符合爆款短视频特点

抖音平台上的头部达人大多产出过爆款短视频，因此，企业广告主在收到达人提供的短视频脚本之后，可以先浏览其曾经产出的爆款短视频，找到这些爆款短视频的特点，分析自己的短视频中是否有这些特点。如果没有，要建议达人在短视频中添加这些特点，以保证短视频的播放量。

提高转化率

广告太长会影响短视频的播放量，因此，达人在制作广告时应尽量缩短广告篇幅。如果企业广告主对广告植入形式没有要求，任由达人自由发挥，可能会导致广告露出效果不佳，使广告转化率大幅下降。

1. 高转化率广告的特点

提高广告转化率的正确方法应该是将产品卖点、广告想要表达的核心内容与短视频的剧情内容深度结合,要既符合达人的视频风格,又能突出广告特点,让用户在观看短视频的过程中不知不觉地接收到产品卖点,不会产生突兀感。

2. 提高广告转化率要遵循的叙事原则

抖音广告要提高转化率需遵循四大叙事原则,分别是介绍背景、铺垫痛点、引出产品、列举场景。其中,引出产品、列举场景都比较直接,可以突出产品卖点,并且不会给短视频播放量造成不良影响。另外,为了提高广告的转化率,达人可以在短视频中添加一些有趣的内容,给用户留出一定的想象空间,从而提高互动率。

信息流广告:广告的精准投放技巧

用户在抖音平台滑动观看短视频的过程中经常看到一些广告,这些广告就是所谓的信息流广告。为了不影响用户的观看体验,信息流广告大多制作精良、富有创意、展现模式多样,如卡券、电话拨打、地图、App下载等。

信息流广告的收费模式

信息流广告是抖音平台最重要的收入来源之一,主要有3种收费模式,分别是CPM(Cost Per Thousand Impression,每千人成本)、CPC(Cost Per Click,每点击成本)和CPA(Cost Per Action,每行动成本),如表5-2所示。

表5-2 信息流广告的收费模式

收费模式	具体内容
CPM	平台将广告内容推送给一定规模的用户,企业支付相应的费用。这种计费模式适合想要通过抖音发布产品或展示品牌的企业使用,虽然广告效果不能完全得到保证,但可以给企业带来稳定的流量
CPC	根据广告被点击次数收费,这种计费模式经常用于关键词竞价,是一种非常常用的信息流广告计费模式
CPA	按照广告的实际投放效果计费,这种计费模式有一个非常重要的指标,即行动成本,包括电话咨询成本——客户咨询电话所需费用;表单提交成本——用户提交一次个人信息所需费用;单次下载成本——App被下载所需费用等

企业要想发布信息流广告,首先要上传短视频及落地页等素材,之后会获得平台给出的定向和定价。为了保证转化效果、控制广告投放成本,广告主可以提前设定广告投放目标,给出目标转化价格,预估点击率和转化率等。

抖音信息流广告的类型

抖音信息流广告可以划分为两种类型，一类是单页广告，另一类是原生广告。这两类广告的区别在于，单页广告不能添加抖音号，只能向用户传播信息，无法获得用户关注；原生广告不仅可以传播信息，还可以添加企业的抖音号，获得用户关注。除此之外，抖音还支持开屏广告、抖音贴纸、定制挑战赛和与抖音达人合作4种类型的广告。其中，开屏广告和信息流广告属于常规广告，投放之前不需要单独提交申请。

抖音信息流广告投放与其他平台的信息流广告投放流程大体相同，企业需要先开通抖音推广账户并充值，然后才能投放广告。在投放广告之前，企业需要准备一些短视频素材和广告落地页，其中广告落地页要在开户之前提交审核。企业投放的广告会出现在抖音推荐频道的信息流中，用户点击链接就可以直接跳转到落地页，进而可以执行企业预先设计好的操作，如购买产品、下载App等。

抖音根据兴趣向用户推送内容，所以企业的信息流广告必须优质、富有创意，只有这样才能使广告投放效果达到最佳。

抖音信息流广告的4种模式

抖音信息流广告主要有两个优点：第一，实现了广告与产品的完全融合，转化率更高，不会对用户的观看进度造成太大影响；第二，可以实现精准分发，实现"千人千面"的推送效果。

目前，抖音的信息流广告有4种比较主流的模式，具体如图5-2所示。

图5-2 抖音信息流广告的4种模式

1. 开屏广告+信息流广告

作为抖音的门户，开屏广告的曝光率最高、视觉冲击力最强，可以较为精准地锁定新生代消费群体。

2. 信息流广告+达人广告

这种模式可以细分为两种模式：一是利用信息流将企业提供的广告素材投放出去，通过外部链接跳转到H5落地页，邀请达人发布短视频辅助宣传，保障广告投放效果；二是企业与达人合作制作隐藏了产品信息或企业信息的短视频，利用信息流广告引导用户观看短视频，让用户在潜移默化中接收到产品信息或企业信息，促使内容深度传播。

3. 开屏广告+信息流广告+达人广告

这种模式也可以细分为两种模式：一是借助开屏广告或信息流广告投放广告素材，通过设置外部链接跳转到H5落地页，邀请达人发布短视频辅助宣传；二是通过开屏落地页跳转到视频详情页，额外投放信息流广告，使广告影响力得以进一步提升。

4. 开屏广告+信息流广告+达人广告+贴纸广告

这种模式很容易吸引用户关注，有助于增强用户对企业的好感度。另外，这种模式的广告可以直接展示产品的使用效果，激发用户产生购买冲动，进一步挖掘用户的消费潜力。

如何优化抖音信息流广告

为了使信息流广告更容易被用户接受，使投放效果达到最佳，企业必须优化广告内容，将信息流广告"伪装"成一条普通的短视频，让用户在不知不觉中接收广告信息，或者看完广告之后恍然大悟，从而增强对广告内容的记忆。

对于企业来说，想要通过信息流广告刺激用户产生购买冲动，必须做好两点：一是凸显产品卖点，二是优化短视频内容。

1. 凸显产品卖点

在投放信息流广告之前，运营人员首先要对投放产品进行全方位了解，包括产品功能、市场竞品等，通过对比分析凸显产品卖点；其次，运营人员要对产品的目标用户进行精准定位，保证广告发布之后可以覆盖绝大部分意向用户。

2. 优化短视频内容

在抖音平台，情节有趣的短视频更容易吸引用户。因此，信息流广告想要提高打开率与完播率，必须设置精彩的故事情节，尤其要设计一个精彩的开头，然后将品牌信息、产品卖点等内容以一种有趣的方式在有限的时间内传递给目标受众。

以某账号为例，该账号在抖音平台发布的所有短视频风格一致，封面会写明测评的产品品牌及型号，视频内容就是产品测评，这种简明扼要的方式获得了大量用户的喜爱。

抖音挑战赛：激发全民参与热潮

在抖音平台，挑战赛是活跃度最高、亮点最多的一项内容，因为较强的互动性可以增强用户对平台的黏性。企业开展短视频营销的目的不外乎提高知名度、扩大影响力，而抖音挑战赛可以在极短的时间内汇聚站内资源，吸引用户主动参与、传播。同时，很多挑战赛都添加了官网跳转链接，能够为企业带来不错的广告转化率。

抖音挑战赛分为品牌挑战赛、超级挑战赛与区域挑战赛3类。其中，品牌挑战赛的性价比最高、最具代表性；超级挑战赛的互动形式更加丰富；区域挑战赛针对特定区域范围内的抖音用户，传播范围相对较小，但精准度更高。

2021年9月4日—2021年9月10日，某奶粉品牌在超级品牌日期间以话题"大人才选择，宝宝全都要"为切入点，举办了一场抖音全民任务话题挑战赛，如图5-3所示。

为提升活动参与度和品牌认知度，此次活动期间品牌方邀请了多位抖音头部母婴达人参与活动和话题传播，不仅精准触达了目标用户，更吸引了大量平台用户的参与。巨量云图平台数据显示，截至9月17日，此次活动参与的家庭数量达到15.8万组、覆盖的目标用户超过18万人、话题累计互动数量超过千万、活动总曝光量则突破了6.4亿次。

图5-3 "大人才选择，宝宝全都要"挑战赛

抖音官方推出话题挑战活动，并把活动信息、内容要求发布给用户，用户根据要求进行内容制作与发布，就能参与挑战赛，这类活动能够引发全民参与。抖音推出"挑战赛"活动的目的在于，激发用户的创造能力，让用户根据提示创作短视频，并将短视频在挑战赛中展示出来。

发起挑战赛是抖音原生内容推广中的主流方式，具体来看，品牌可以通过以下3种方式参与抖音挑战赛，如图5-4所示。

图5-4 品牌参与挑战赛的3种方式

新品共创

以某化妆品品牌挑战赛为例，在其挑战赛活动中，使用该品牌贴纸制作的短视频点赞量排名前十的用户，可以获得系列套装1套；排名11到50的用户，可以获得该品牌精华正装1瓶。同时，用户到天猫的该品牌官方旗舰店联系客服，并提供对接"暗号"——"哇，水被我控住了！"，便可免费获得体验装1份。该挑战赛不但为该品牌带来了巨大的曝光量，更有力地促进了其产品销售。

内容共创

以美团"5·17吃货节"为例，和京东打造"6·18"、阿里巴巴打造"双11"相似，美团希望通过"造节"获得曝光量和经营业绩的双重增长，因此，美团选择将5月17日打造成吃货节。为了达成造节目标，美团在抖音上发起了"吃货大作战"挑战赛，通过好玩有趣的"大碗"贴纸和抖音达人的示范演绎，吸引了7万多人参与，相关短视频共获得了上亿人次的曝光量。

整合营销

以某品牌在抖音上发起的"扛酸全民挑战"活动为例，该挑战赛以原味青梅为主推产品，吸引了大量用户积极参与。此外，有3000家实体门店参与了此次活动，让消费者可以在门店中实际体验新鲜优质的产品。最终，在多方共同努力下，此次挑战赛大获成功。

第6章

POI引流：线下门店推广运营实战攻略

抖音POI：门店认领规则与流程

目前，互联网流量红利正在走"下坡路"，企业通过互联网渠道获得顾客的成本不断增加，线上拓展顾客也变得越来越难。对线下门店来说，如何利用互联网与用户形成线上联系并达成流量转化，已经成为迫切需要解决的问题。

而抖音作为短视频领域的佼佼者，已经成为线上流量的集中地。线下企业应该将目光投放在抖音短视频阵地上，紧抓抖音营销带来的红利，不断拓展客户，高效进行流量转化。在抖音企业号众多权益当中，POI功能是线下门店广泛应用的引流获客方式。下面我们对抖音企业号的POI功能进行详细分析。

POI功能的实现，对于线下门店来说最简单的事项就是地理定位，即企业账号可以通过抖音视频中的定位图标来展示位置信息，用户只需要点击定位图标，就可以看到与对应地址相匹配的全部短视频。

抖音POI的作用

1. 提高短视频的曝光率

POI页面可以展示商品链接、优惠券、店铺活动等，帮助线下门店向用户宣传并引导其购买相关产品。例如，"带你看故宫"抖音账号的POI页面就汇聚了很多短视频，这些短视频来自不同的创作者，内容全部与故宫博物院有关，如图6-1所示。

图6-1 "带你看故宫"POI功能

2. 丰富同类短视频信息

以某旅游账号为例，用户去某景区游玩之前，可以通过点击该账号的POI页面观看相关短视频，获取更多与景区有关的信息，以获得更好的游玩体验；如果是美食类账号，POI页面通常附有线下门店的地址信息，用户可以通过查看POI详情页获取门店位置，同时还可以查看更多同类短视频。

抖音POI地址的认领规则

抖音POI功能面向企业开放，认领规则如下。

（1）在认领抖音POI时，如果企业号没有对营业执照进行新的补充，那么抖音就会对其在认证企业号时注册使用的营业执照进行验证。需要注意的是，一定要保证营业执照的地址与POI地址相同。营业执照审核规则具体如表6-1所示。

表6-1 营业执照审核规则

序号	营业执照审核规则
1	营业执照上的地址与认领POI地址可以在表述上不完全一致，但必须为同一个地点。例如，"互联网金融大厦"与"互联网金融中心"表述不同，但实际上同指一个地点。如果遇到表述不一致的情况，可以在"百度地图""高德地图"查找确认是否为同一地点，若是，则可通过
2	如果两个地址的街道级部分都一致，但楼层或门牌存在差别，那么只需要保证营业执照上的企业名称与认领门店的企业名称相同也能实现认领
3	在门店名称和地址方面，如果原有营业执照上的情况与需要认领的门店情况都不一致，可以通过提交新营业执照或辅助材料进行认领

（2）如果在POI门店认领时，企业提交了新的营业执照，那么新营业执照需要满足以下几点要求：新营业执照的信息必须真实有效；新营业执照与认证企业号时注册使用的营业执照之间存在一定关联；新营业执照上的企业地址与POI地址必须一致。

POI地址认领流程

POI地址认领流程如下。

步骤 01 在认证企业号主页点击右上角的【≡】，进入【企业服务中心】；点击【促营收】下方的【去设置】，如图6-2所示。

步骤 02 点击页面右下角的【门店认领】，出现【抖音门店】的页面，点击最下方的【立即免费认领门店】，如图6-3所示。

图6-2 去设置

图6-3 立即免费认领门店

步骤03 点击【立即免费认领门店】，抖音会根据用户的地理位置列出附近的门店。以"咱家面馆"为例，认领该地址后，系统会默认拉取认证企业号时提供的营业执照信息，企业需要提交门店资质，全部填写完毕后点击【提交审核】。当然，企业也可以通过在【搜索门店名】搜索框输入门店名称找到对应结果，如图6-4所示。

步骤04 提交后，抖音将审核企业门店的资质信息与POI地址的关联性，预计2个工作日左右审核结果将在本页面展示。如审核失败，企业可按要求重新提交资质。

图6-4 提交【资质信息】

POI引流：有效利用POI的3种方法

抖音POI具有连接线下门店与线上用户的功能，这对线下门店来说，无疑具有重要的营销价值。通过引导用户浏览与线下门店地址相匹配的相关视频，抖音POI能使用户在极短时间内迅速了解店铺信息，从而起到提升转化效率的作用。同时，在这一强大功能的加持下，线下门店也可以实现高效引流。

POI功能虽然强大，但要想使其真正发挥价值并不容易，线下门店可以通过以下3种方法有效利用POI功能。

POI×DOU+：提升门店的曝光率

下面我们首先来介绍第一种方法，即"POI×DOU+"。POI搭配DOU+功能需要以优质的内容为基础，两种功能的搭配可以实现优质短视频内容和门店信息的高度曝光，同时能帮助线下门店快速、精准地找到目标用户，并提升用户到店消费的概率。

以西双版纳网红客栈——"花漾庭院音乐客栈"为例，这家客栈原本既没有老客户基础，也缺乏线上关注度。在入驻抖音平台初期，花漾庭院音乐客栈的线上营销比较吃力。后来，该客栈借助抖音企业号优势快速提升了人气，并成功吸引到了目标用户。

花漾庭院音乐客栈初期经常拍摄一些关于"萌宠"日常生活的视频，然后运用POI功能将门店信息与视频"捆绑"发布在抖音平台上，如图6-5所示。同时，花漾庭院音乐客栈还搭配使用了抖音的DOU+功能，增加了门店短视频的曝光度。

抖音的DOU+功能可以帮助企业高效传播短视频内容,其智能算法能将短视频定向推荐给潜在目标用户,实现精准引流。POI与DOU+的配合大大提升了用户到花漾庭院音乐客栈打卡的概率。

另外,花漾庭院音乐客栈在加强与用户的互动上也具有自己的优势,使其不仅将抖音元素与门店融合,还设置了优惠活动和体验游戏来吸引用户,不仅能提升用户对门店的好感度,还能通过用户分享的短视频增加门店曝光度,帮助门店吸引更多用户前来消费。

图6-5 花漾庭院音乐客栈抖音号

POI×团购:线上流量的高效转化

下面我们首先来介绍有效利用POI的第二种方法,即POI×团购,这种方法能以极低的成本将线上流量引到线下门店,不仅能实现品牌的高效传播,还能为用户消费带来实惠。POI×团购的核心优势在于,它可以帮助线下门店向用户同时展示优惠活动和具体的店铺信息,提升用户到店消费的概率。

在具体的运营过程中,品牌可以根据自己的实际情况设置引流路径,尝试不同的团购模式,比如直播、优惠券等。如果品牌具有线上流量优势,则可以采用POI×团购将线上流量引入线下,促进门店消费;如果品牌具有线下优势,则可以借助POI×团购鼓励用户进行分享宣传,提升品牌知名度。

作为一家拥有近20年历史的老牌火锅连锁店,老码头拥有强大的线下优势,其旗下的近百家门店分布于全国各地,覆盖地域十分广泛,而且由于老码头拥有较高的知名度,所以它的门店客流量也相当可观。不过,老码头并没有满足于自己的线下优势,而是借助抖音平台的POI和团购功能进行线上推广引流,如图6-6所示。

比如,老码头借助"网红"探店的推广方式向用户发起了活动邀请,引导许多感兴趣的用户到店消费。进入店铺的用户只需要用手机扫描店内的二维码,并拍摄带有门店地址的抖

图6-6 老码头火锅抖音号

音短视频,就能领取优惠券。作为一种传统的营销方式,优惠券是品牌屡试不爽的引流利器,因为强大的优惠力度总能对消费者产生吸引力。

借助抖音POI×团购的功能组合,老码头扩大了线上品牌宣传力度,成功获取了线上流量。在老码头的策划下,用户在进店领券消费的同时,又能通过发布定位短视频为门店引流,可谓实现了互惠互利。

POI×话题:引爆POI内容流量池

线下门店要想成功打造POI页面,就需要紧紧抓住用户的"兴趣点",并利用POI将产品的卖点与目标用户的兴趣点相契合。如果企业的话题度较高,那么POI×话题的方法会更适合此类门店。这种方法的核心在于将产品卖点与用户感兴趣的话题相结合,进而引爆POI内容流量池。

根据移动互联网时代的AISAS消费模型来看,线上用户的基本行为路径可大致概括为,注意(Attention)→兴趣(Interest)→搜索(Search)→行动(Action)→分享(Share)。抖音通过自带的POI功能将线下门店信息直接曝光于用户眼前,简化了用户了解线下门店的路径,也缩短了企业的营销路径。

重庆黑山谷风景区深谙POI×话题的方法,该景区紧抓用户的兴趣点,利用话题挑战成功引爆了其POI内容池。

黑山谷风景区擅长挖掘景区亮点,并在抖音上设置诸如"消暑""红苗""清凉"等话题与POI信息一同曝光。这样一来,用户可以一边就自己感兴趣的话题参与挑战,一边观看景区景色。黑山谷风景区在自己的POI详情页中设置了景区介绍、景色图片和咨询电话,方便感兴趣的用户随时咨询和参观,如图6-7所示。

图6-7 重庆黑山谷风景区抖音号

同时,该景区还致力于加强与用户的线下互动。黑山谷风景区打造了自己的"网红",该"网红"可以代表景区与前来游玩的游客进行现场互动,并拍摄短视频分享到抖音平台上,这不仅能激发感兴趣的用户去景区拍同款视频,还能鼓励用户进行内容创作与分享。POI×话题的方法在为黑山谷风景区扩大POI内容流量池的同时,也为其扩大了宣传的广度和深度。

截止到2022年1月26日,黑山谷风景区带有POI的视频的点击播放量已经超过300.6万次。黑山谷风景区借助有趣的话题和精美的视频成功激发了用户的兴趣,利用POI功能大大减少了与用户之间的沟通路径,在将自身打造成"打卡圣地"的同时,也有效促进了流量的线下转化。

第 7 章

投放DOU+：抖音上热门的操作技巧

实战教程：DOU+的基础操作与知识

DOU+是抖音官方为运营人员提供的一款视频加热工具。运营人员购买之后，抖音平台会将运营人员发布的短视频推送到首页推荐流中，并且精准地推送给更多目标用户，提高短视频的播放量和热度，吸引更多对此短视频感兴趣的用户留言评论。简单来说，投放DOU+就是做付费推广。

相较于广点通、粉丝通等付费推广工具来说，DOU+的投放成本比较低，100元可以购买5000次播放量。如果短视频质量比较高，用户反馈好，还可以获得二次曝光的机会，吸引更多用户观看，或者直接转化变现。

DOU+的投放步骤

运营人员投放DOU+的步骤如下所示。

步骤01 打开抖音App，点击主页面右下角的【我】，点击右上角的【≡】图标，然后点击【更多功能】，找到【DOU+上热门】，如图7-1所示。

步骤02 进入【DOU+上热门】后，选择想要上热门的短视频，点击【上热门】，然后进入订单页面，用户可以选择【系统智能推荐】或【自定义定向推荐】这两种投放方式将短视频推送给潜在兴趣用户，最后点击右下方的【支付】即可完成操作，如图7-2所示。

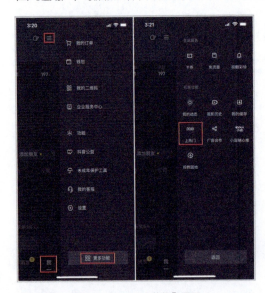

图7-1 "DOU+上热门"页面

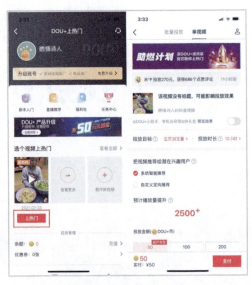

图7-2 点击"支付"完成操作

DOU+的投放目标

DOU+是一款付费推广工具，这决定了运营人员投放的目的非常明确，就是获得更多推广，吸引更多粉丝，提高账号的曝光度，为接下来的转化变现奠定良好的基础。具体来看，DOU+的投放目标主要有以下5个，如表7-1所示。

表7-1 DOU+的投放目标

投放目标	具体介绍
吸引更多粉丝	吸引粉丝、获得更多关注，往往是新账号投放DOU+的主要目标之一
提高互动量	互动指的是点赞、评论、转发等行为，短视频的互动量越高，上热门的概率就越大，所以提高短视频的互动量也是运营人员投放DOU+的主要目标之一
位置点击	如果投放DOU+的短视频带有位置信息，可以将提高位置点击量作为投放目标，引导目标用户点击位置信息，进入位置页面
购物车点击	有购物车权限的用户在投放DOU+时可以将提高购物车点击量作为投放目标，引导目标用户点击短视频中的商品信息，查看商品详情
组件点击	如果短视频含有组件，可以将提高组件点击量作为投放目标，引导用户点击短视频中的组件信息，进入组件页面

DOU+的审核标准与要求

当运营人员在上传短视频进行DOU+投放时，抖音平台要对短视频内容进行审核。内容审核标准与要求主要包括以下4点，如表7-2所示。

表7-2 DOU+的审核标准与要求

标准	具体要求
把握底线	禁止出现违法违规、低俗色情、血腥恐怖、危险动作及泄露和曝光个人隐私的行为
坚持原创	禁止出现未授权使用的第三方内容、影视剧、综艺节目等素材和搬运站内外的视频
营销有道	禁止短视频中含有联系方式、二维码、链接、抽奖、送红包、站外平台导流等招揽信息
保护未来	禁止出现未成年人代言拍摄商业营销内容、单独出镜和涉及高风险行业元素

在审核时长方面，如果运营人员是在白天上传短视频，一般1小时内就能获得反馈；如果是在晚上上传短视频，审核时间则要长一些。如果审核不通过，前期支付的钱会在3~48小时内退还到DOU+账户。退还的钱可以留在DOU+账户，方便下一次使用，也可以提现。提现步骤为点击【DOU+上热门】订单页面的【退款】，如图7-3所示。

图7-3 DOU+提现页面

DOU+的投放金额

为了方便运营人员选择，DOU+设置了5个投放等级：50DOU+币可购买2500+播放量；100DOU+币可购买5000+播放量；200DOU+币可购买10000+播放量；500DOU+币可购买25000+播放量；1000DOU+币可购买50000+播放量。如果这5个投放等级都不能满足运营人员的需求，运营人员可以自定义投放金额。自定义投放金额为100～200000DOU+币，且要求为10的倍数，具体如图7-4所示。

图7-4 DOU+投放金额设置

投放的金额越大，获得的推广资源也就越多，短视频曝光度、播放量、关注度也会相应提高。如果运营人员投放DOU+之后，短视频播放量没有达到预期效果，或者短视频因为被他人举报而被平台删除，抖音会将剩余金额退还。

运营人员投放DOU+时，需要注意虽然投放DOU+可以提高短视频的播放量，但不是所有的短视频都适用。如果短视频的质量不高，投放DOU+的效果也很难尽如人意。所以，运营人员最好在短视频发布成功后观察1小时，如果播放量适中，用户反馈比较好，就可以考虑投放DOU+来增加短视频的热度；如果反响平平，则应该考虑是否需要对短视频内容进行完善。

运营攻略：投放DOU+的4个技巧

虽然DOU+能够提升短视频的播放量、曝光度，但我们也不能过于夸大其作用，运营人员必须认识到，DOU+只是一个辅助运营的工具，短视频能否被更多用户看到、能否上热门，关键取决于短视频的质量以及短视频内容是否符合用户的偏好。

投放DOU+之后，运营人员也不能放松警惕，要持续关注后期的数据表现，如短视频的完播量、点赞量、评论量、转发量及账号的关注量等。只有各项数据表现优秀，短视频才有机会进入更大的流量池，获得更多推荐，被更多用户看到。

总而言之，DOU+作为一种短视频运营工具，其投放也需要一些技巧。运营人员只有掌握这些技巧才能让DOU+发挥出应有的作用，达到预期的效果。具体来看，运营人员投放DOU+需要掌握4个技巧，如图7-5所示。

图7-5 投放DOU+的4个技巧

选对投放时间

运营人员将短视频上传到抖音平台后需要等待平台审核，普通短视频审核时长只需几秒，短视频通过审核才能获得平台分配的流量。投放DOU+应该选择在短视频通过审核后进行，这样可以获得更多流量。根据抖音用户的上线习惯，短视频更新有3个黄金时间段，分别是中午11:00—11:30、下午5:00—7:00、晚上10:00以后。运营人员要根据短视频的内容特性和实际情况选择合适的更新时间。

如果短视频发布之后的播放量、评论量、点赞量都比较少，运营人员可以暂停投放DOU+，先观察后台数据；如果短视频发布之后各项数据表现都比较好，说明短视频质量比较高，内容比较符合用户偏好，有上热门的潜力。在这种情况下，运营人员可以大胆地投放DOU+，为短视频吸引更多流量，并进一步将其打造成热门短视频。

观察短视频初始流量

对于短视频来说，投放DOU+可以帮助其获得初始流量。如果短视频质量高，就能获得平台分配的流量和海量用户关注。因此，在投放DOU+之前，运营人员必须关注短视频的初始流量。如果初始流量增长较快，用户反馈较好，短视频有望上热门，运营人员就要果断地投放DOU+；如果短视频发布之后流量暴涨，已经成为热门短视频，就没有必要再投放DOU+。

因为投放DOU+的短视频需要经过审核，而审核有一定的周期，在审核过程中，短视频的热度会迅速下降。对于这类短视频，运营人员可以持续观察其后台数据，在流量停止增长或者开始衰退时再投放DOU+，让短视频再次获得大规模流量，如有可能可以再次成为热门短视频。

精准投放

DOU+的应用逻辑是将通过审核的短视频推送给潜在目标用户，通过这些用户的观看、传播带动数据增长。所以，短视频投放DOU+可以获得真实的用户数据，为短视频发布账号引入定位精准的流量。为了做到精准投放，运营人员可以采用以下两种方式，如表7-3所示。

表7-3 精准投放DOU+的两种方式

投放方式	具体内容
系统智能推荐	如果短视频有标签，如美食、运动、萌宠等，系统会将其推送给拥有同类标签的用户；如果短视频没有标签，系统就会根据短视频的内容类型将其推送给潜在的兴趣用户
自定义定向推荐	运营人员投放DOU+时，可以根据目标用户的特征选择一些标签进行定向投放，例如性别、年龄、地域、兴趣等，以保证转化效果

"小额多次"投放

实践证明，想要让投放DOU+的效果达到最佳，最好选择"少量多次"投放。例如，某品牌计划用10000元来投放DOU+，"一次性购买10000元的DOU+产品"与"每次购买1000元的DOU+产品，共购买10次"两种方案，后一种更容易带来良好的投放效果。

在投放的过程中，运营人员要实时关注各项数据的表现，每当数据下滑时就投入1000元，当数据表现较好时可以加大投入，如投入2000元等，趁热打铁，获得更多流量。

另外，运营人员在制定DOU+投放方案时要时刻关注用户的活跃度，不断对DOU+投放方案进行优化，抓住潜在用户最活跃的时期进行投放，使投放效果达到最佳。

视频加热：投放DOU+的两种思维

从本质上看，DOU+就是一种付费推广，即花钱购买播放量。至于短视频能否上热门、成为爆款，主要取决于用户对短视频内容的接受度与喜爱度的高低。从播放量的角度看，虽然投放DOU+可以在一定程度上为短视频吸引流量，增加短视频的播放量，但效果并不明显。但从反馈的角度看，如果短视频获得的用户反馈比较好，投放DOU+就能迅速吸引海量流量，增加短视频的播放量，助推短视频登上热门。这也是抖音将DOU+称为短视频加热工具的主要原因。

关于DOU+的投放，除以上提到的4个投放技巧外，运营人员还需要把握两种思维，如图7-6所示。

图7-6 DOU+投放的两种思维

数据化思维

数据化具体指的是通过创建表格等方式，将每一条短视频每次投放DOU+的各项数据表现记录下来，寻找最佳的投放点。

因为每个账号都有自己的特点，各个领域的内容也各有不同，所以投放DOU+没有绝对化的指标，运营人员也不能寄希望于复制其他账号的经验。为了保证DOU+投放效果，运营人员必须创建自己的数据库，通过收集、整理、分析数据进行内容创作，制定DOU+投放方案，保证投放效果。

精细化运营思维

投放DOU+类似于投放广告，都是为了达到一定的传播效果，并唤起用户的后续行动。与广告的不同之处在于，DOU+投放效果考核需要关注的是播赞比、播评比、播粉比等数据。为了使投放效果达到最佳，运营人员需要对投放预算进行拆分，在各项数据表现良好时进行追投。同时，运营人员还要和内容团队保持交流与互动，在某些情况下，需要说服内容团队为了短视频最终的投放效果让步。

另外，有些新入门的短视频创作者不确定自己的短视频内容是否合规，可以通过投放DOU+进行检验，因为DOU+审核更严格。如果一条短视频可以通过DOU+审核，便不会因为不符合平台规定被删除，同时还能获得一定的推荐量，能够起到一举两得的作用。

直播加热：直播DOU+的操作技巧

抖音上线直播功能之后立即吸引了大量用户。为了提高直播间的人气，很多主播都在想方设法地制作精品短视频，为自己的直播间引流。其实，除了内容引流之外，主播还可以利用工具引流，DOU+就是一个非常有效的引流工具。但为了让DOU+引流达到更好的效果，运营人员必须掌握投放时机。

从内容形态来看，直播与短视频有很大的不同，直播发生在一个小场景中，以效果为导向，需要主播即兴发挥，而且一场直播的时间很长，好的直播需要具有较强的实时性、互动性。直播DOU+有一套属于自己的推荐算法与推荐逻辑，与短视频DOU+完全不同。

短视频DOU+与直播DOU+的区别

1. 计费方式不同

短视频DOU+按照CPM收费，大约每千次播放需要20元；直播DOU+按照CPA收费，用户从看到推广内容到点击进入直播间算一次行动，行动次数越多，需要支付的费用也就越多。

2. 投放目标不同

投放短视频DOU+的主要目的是获得更多播放量和关注度，吸引更多用户留言互动；而投放直播DOU+的主要目的是唤醒用户行为，这里的行为具体体现在以下几点，如表7-4所示。

表7-4 唤醒用户行为的具体体现

唤起用户行为	具体体现
用户种草	刺激用户点击购物车，查看商品详情，做出购买行为
用户"互动"	鼓励用户打赏、评论等
直播间涨粉	引导用户点击关注
直播间提升人气	延长用户的停留时间，吸引更多用户进入直播间

3. 曝光时长不同

短视频DOU+的投放时长按小时计算，运营人员可以选择2小时、6小时、12小时、24小时；直播DOU+的投放时长以0.5小时为计时单位，运营人员可以在24小时内任意选择，如选择3小时、3.5小时、6小时等。

4. 投放素材不同

短视频DOU+只能选择短视频内容进行投放；直播DOU+不仅可以选择短视频投放，还可以同步直播内容，直接将直播展示在用户面前，为直播间吸引流量。

5. 推荐逻辑不同

短视频DOU+推荐会考虑用户对短视频内容的偏好，如哪种类型的内容更受用户欢迎，获得用户的点赞量、评论量、转发量、关注量更多等；直播DOU+推荐考虑的是用户对直播内容的偏好，即哪类直播间可以引起用户的兴趣，延长用户的停留时间，刺激用户做出购买、评论、送礼物等行为。

投放直播DOU+的操作方式

如果运营人员决定投放直播DOU+，可以在开播前预热，也可以在直播过程中根据直播数据进行定向投放，具体操作方式有如下两种。

方式一：在抖音页面底部点击中间的【+】，进入拍摄视频页面，点击右下角的【开直播】，开播前点击开始直播页面左下角的【DOU+直播上热门】，根据页面指引进行选择，然后点击【支付】，具体操作步骤如图7-7所示。

图7-7 直播开播前投放DOU+的操作步骤

第 7 章 投放DOU+：抖音上热门的操作技巧

方式二：在直播过程中点击屏幕右下角的【…】，选择【DOU+直播上热门】，根据页面指引进行选择，然后点击【支付】，具体操作步骤如图7-8所示。

图7-8 直播过程中投放DOU+的操作步骤

如何高效投放直播DOU+

1. 明确投放DOU+的目标，精准定向投放

运营人员在投放DOU+之前，必须先明确投放目标是吸引更多粉丝还是促进产品销售。然后，运营人员要根据抖音官方平台为直播DOU+设定的几大维度制定具体的投放方案。

在【下单金额】【你更在意】【你想吸引的用户类型】【选择加热方式】4个维度中，"你更在意"直接明确了投放目的，运营人员要谨慎选择。这个维度包括【直播间人气】【直播间涨粉】【用户打赏】【用户互动】，其中【用户打赏】只对带货直播开放。

2. 谨慎选择两种直播加热方式，获得极强的引流能力

直播DOU+提供了两种加热方式：一是【直接加热直播间】，二是【选择视频加热直播间】。这两种加热方式都有较强的引流能力，运营人员要根据实际情况谨慎选择。

3. 直接加热直播间，提高用户转化率

直接加热直播间有一个独特优势，就是用户在直播推荐的引导下进入直播间之后，无法执行【上下滑动】操作，如果要返回推荐页只能点击【关闭】按钮。这意味着直播账号通过投放DOU+吸引的用户不会进入直播流量池，就是自己的私有用户，可以极大地提高用户的转化率。

如何保持直播间热度

运营人员需要注意的是，直播DOU+与短视频DOU+一样，并不是投放之后就能获得源源不断的流量，DOU+的功能是帮助短视频或者直播上热门，只能起到辅助作用。想要提高直播DOU+的投放效果，为直播间吸引更多流量，保持直播间的热度，运营人员可以从以下4个维度采取有效措施。

1. 给用户种草

给用户种草就是引导用户点击购物车，查看商品详情。在直播过程中，运营人员可以通过后台查看"正在购买人数"的变化趋势，找到热门产品（购买人数较多的产品），对其进行重点推广。如果商品库存充足，还可以安排返场，提高给用户种草的概率。

2. 重视用户互动

用户互动指的是用户做出的点赞、评论、送礼物等行为。在直播过程中，运营人员可以通过后台查看互动数据，包括用户发布的评论热词、用户的兴趣分布、弹幕词云等。通过对这些数据进行处理，找到用户最感兴趣的话题，下次直播之前准备一些相关话题，在直播过程中抛给用户，激发用户的互动行为，活跃直播间的气氛。

3. 直播间转粉率

直播间转粉率就是用户进入直播间之后点击关注成为粉丝的概率。为了提高直播间的转粉率，主播可以在用户进入直播间时进行简单的自我介绍，引导用户点击关注，如"刚进来的朋友们大家好，我是xxx，每天都会在直播间和大家分享……，感兴趣的点击直播间上方的头像关注我哦！"另外，为了引导用户关注自己，主播可以给予一些物质刺激，如发红包、送礼品等。

4. 提高直播间人气

直播间人气的判断指标主要是同时在线的用户数量，也可以是用户在直播间的停留时长。为了提高直播间的人气，运营人员可以在直播间布置方面投入一些资源与精力，根据目标用户的喜好设计直播间风格。例如，如果投放DOU+是为了吸引时尚的年轻女性，那么直播间就要布置得新潮、时尚、富有美感，吸引目标用户在直播间长时间停留。

第3篇
直播带货篇

第 **8** 章

带货团队：直播团队架构与人员配置

带货主播：挑选主播的4个标准

自上线直播功能以来，抖音直播吸引了大量关注，涌现出一个庞大的直播群体，主播数量猛增，直播类型也越来越多元化。商家投放抖音直播，如果没有自己的主播，也可以选择与主播合作。主播选择得当，直播就会事半功倍。所以，在选择主播方面，商家要掌握一些技巧。

商家与主播的合作方式

抖音直播平台上的主播有3种类型，分别是商家主播、客服主播和机构主播。主播类型不同，合作方式也不同，具体分析如下。

1. 商家主播

商家主播就是企业经营者进行直播。因为成本低、对接方便，所以许多中小商家会使用这种直播方式。下面我们对商家主播的优劣势进行简单分析，并提供相应的建议，如表8-1所示。

表8-1 商家主播的优劣势与建议

商家主播的优劣势与建议	
优势	商家主播对店铺产品的了解更全面、更详细，在直播过程中可以更好地呈现产品卖点，遇到问题可以灵活处理。因为与自身的利益密切相关，所以商家主播也会在直播过程中投入全部精力，保证直播效果
劣势	与专业主播相比，商家主播精力有限，而且相对不太擅长直播，很可能导致直播效果不佳
建议	刚开始直播时，商家可以聘请一两个专业主播，向其学习直播技巧，理顺直播流程，在积累了一定的经验后再上场直播；或者，在开始直播之前，商家主播可以多看一些直播视频，积累直播经验

2. 客服主播

客服主播就是选择外形好、气质佳、具有亲和力、表达能力好的员工或客服担任主播，这种方式适合有经营团队的商家使用。下面我们对客服主播的优劣势进行简单分析，并提供相应的建议，如表8-2所示。

表8-2 客服主播的优劣势与建议

客服主播的优劣势与建议	
优势	因为有团队支持，所以可以多人轮流直播，延长直播时间，吸引更多流量
劣势	可能对产品的了解度不高，对直播流程不够熟悉，会在直播过程中发生一些失误，给商家造成不良影响
建议	在直播之前，商家可以组织客服主播接受全方位培训，包括了解产品的相关知识、了解顾客需求、熟悉直播流程、掌握各个直播设备的操作等。为了保证客服主播全力以赴地直播，商家可以建立相应的考核机制

3. 机构主播

机构主播指的是隶属于某个直播机构的专业主播，商家与机构主播合作需要付出一定的成本，因此这种合作方式主要适用于具有一定的经济实力、对直播效果要求比较高的商家。下面我们对机构主播方式的优劣势进行简单分析，并提供相应的建议，如表8-3所示。

表8-3 机构主播的优劣势与建议

客服主播的优劣势与建议	
优势	与机构主播合作，商家可以获得更专业的直播服务，包括专业的直播间、专业的直播人员等。因为机构主播的专职工作就是直播，所以直播时间充裕，可以抢占热门直播时间，保证直播效果
劣势	机构主播对商家及产品大都不太了解，无法精准地掌握商家的需求及产品卖点，可能会在一定程度上影响转化效果。另外，对于商家来说，与机构主播合作需要投入大量资金，成本较高
建议	如果经济状况允许，商家可以尝试与机构主播合作。为了保证直播效果，商家可以参与直播脚本创作，将产品卖点描述提供给主播，加深主播对产品的了解。另外，在直播过程中，商家可以在旁辅助，以免主播跑题，影响直播效果

商家甄别优质主播的4个标准

商家在甄别优质主播时，可以采用以下4个标准，如图8-1所示。

图8-1 商家甄别优质主播的4个标准

1. 外貌条件好，形象气质佳

虽然直播行业对主播的外表没有硬性要求，但形象好、气质佳的主播相对来说能吸引更多目光。所以，商家在选择主播时需要考虑主播的外在形象，尤其是当直播的产品为服装、化妆品、饰品等以女性为目标消费群体的情况下。

另外，在开播前，商家可以为主播准备好服装，使主播的形象与产品相匹配，辅助带货转化。

2. 具有亲和力，语言表达能力强

主播的表达能力、语言风格、性格都可能直接影响带货效果。主播的表达能力强、语言幽默，不仅可以吸引更多用户观看，还可以较好地应对直播过程中的各种突发事件，让直播间处于活跃状态。具有亲和力的主播也可以与用户保持良好的互动，让用户产生亲近感，积极下单购买。所以，商家在选择主播时应尽量选择口才好、性格活泼、有才艺的主播。

3. 具备一定的销售能力

在挑选主播时，如果商家没有明确的目标，不了解主播的销售能力，可以观看主播过去的直播视频，了解主播的工作经历，如其直播的时间、是否曾担任过销售等。为了保证转化效果，商家尽量不要选择兼职主播，一方面因为兼职主播的各项能力可能不达标，无法保证直播效果；另一方面因为兼职主播没有太多时间了解产品，无法将产品卖点准确地传播给目标用户。

4. 认真负责，口碑良好

电商直播是一个比较特殊的行业，热门直播大多在晚上七八点钟开始，直播时长至少为几个小时。在直播过程中，主播大多必须不断地试穿、试用、讲解产品、回答问题，整个过程无间断，直到直播结束。而且，直播结束后还需要进行复盘总结，了解第二天的直播产品。如果主播怕吃苦，很有可能会略过这一环节，会导致不了解产品，或者花费极少的时间了解产品，无法抓住产品的核心卖点。所以，商家在选择主播时要尽量避开这类主播，要选择吃苦耐劳、认真负责、口碑良好的主播，以保证直播效果。

主播助理：助理必备的5种能力或特质

电商直播涉及的环节琐碎而繁多。例如前期的产品卖点分析、直播脚本策划、设备调试，直播过程中的产品展示、卖点阐述、问题解答，直播结束后的复盘总结，等等。尤其是在直播过程中，为了减轻主播的压力，保证直播效果，配备主播助理非常有必要。主播助理是一个统称职位，其工作职责可以细分，如辅助直播、后台运营、产品对接等。

在直播间，主播与主播助理缺一不可。在直播过程中，主播助理经常需要辅助主播介绍产品，尤其是服装类产品，在主播换装期间，主播助理要承担产品介绍等工作。因此，主播助理也可以积累自己的粉丝，成长为合格的主播。那么，作为主播助理，需要具备哪些能力呢？

主播助理的工作流程

对于主播助理的工作流程，我们可以按照直播前、直播中、直播后这3个方面来展开分析。

1. 直播前

直播开始前，主播助理要梳理此次直播涉及的所有产品，了解产品功能与卖点，与主播、商家一起制订直播策略，如是否发放优惠券、在什么时间发放等；提前确认直播场地、直播设备、直播灯光等，保证直播可以顺利进行。

2. 直播中

在直播过程中，主播助理要配合主播展示产品、更新产品链接、补充产品信息、发放优惠券，向用户演示如何领取优惠券、如何下单，查看用户留言、回答用户提问、活跃直播间的气氛等。

3. 直播后

直播结束后，主播助理要和主播一起参加复盘总结会，记录总结此次直播活动的经验教训，为下一场直播做好准备。此外，部分主播助理还要负责处理订单后续事宜，如安排发货、处理售后等。

主播助理必备的5种能力或特质

直播电商涉及的领域众多，如销售、产品、运营等，直播对主播及主播助理都有一定的要求。要想成为一名合格的主播助理，必须具备5种能力或特质，如图8-2所示。

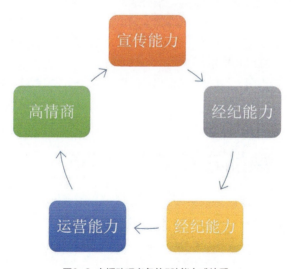

图8-2 主播助理必备的5种能力或特质

1. 宣传能力

为了提高直播间的人气，做好宣传工作非常重要。因此，主播助理要具备一定的宣传能力，如策划文案、设计直播封面、拟定直播标题等，通过宣传为直播间带来可观的流量。

2. 沟通能力

主播助理要和主播保持良好沟通，相互理解，在直播过程中密切配合，辅助主播做好直播，保证转化效果。

3. 选品能力

电商直播与普通直播的区别在于"电商"，其核心是产品。因此，主播助理要学习所在行业的基本知识，了解每一款产品的相关信息，包括功能、卖点、适用对象、搭配方式等，协助主播挑选出最合适的产品。

4. 运营能力

直播电商的流量来源有两种：一种是自然流量，另一种是商业流量。为了更好地获取流量，主播助理要掌握抖音平台的算法和流量运营技巧，想方设法地提高直播间的权重，获取更多自然流量。同时，主播助理还要掌握抖音直播的更多玩法，为直播间获得更多优质的商业流量。

5. 高情商

对于主播助理来说，高情商指的是可以很好地控制自己的情绪，具有团队合作精神，可以和粉丝积极互动，引导、维护直播间的气氛等。更重要的是，在直播过程中，主播助理对主播的配合要恰到好处，配合过少无法起到辅助作用，配合过多又可能引起用户的反感。如何掌握好这个度，考验的就是主播助理的情商。

总而言之，主播助理虽然只发挥辅助作用，但也有一定的能力要求。为了更好地胜任这一职位，主播助理必须不断地磨炼自己、提升能力，与主播相互成就、共同成长。

运营策划：直播方案的8个环节

随着电商获客成本不断攀升，直播带货正逐渐成为主流营销方式，不仅吸引了各大品牌及企业的目光，也吸引了很多知名人士进入，导致行业竞争愈发激烈。

对于抖音直播来说，想要吸引更多用户，提高用户下单的积极性，直播团队必须具备一定的运营策划能力，根据带货产品策划一个相对完善的直播方案。具体来看，直播方案包括以下8个环节，如图8-3所示。

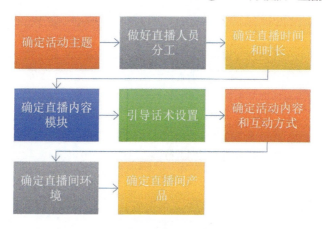

图8-3 直播方案的8个环节

确定直播活动主题

首先,策划人员要明确直播活动的主题是提升品牌知名度、吸引更多用户关注,还是提高产品销量。只有明确了直播活动的主题,才能精准定位目标用户,配合产品设计宣传文案和直播间封面,以锁定更多目标用户,为直播间带来更多流量。

同时,确定直播活动主题也可以避免后续的直播运营工作偏离预设方向,保证直播效果。因此,在直播开始之前,策划人员必须明确直播活动主题,例如"618专场""季末清仓特卖"等。

做好直播人员分工

为保证直播活动顺利进行,在直播开始之前,策划人员要召开会议,明确各方人员的工作,如主播负责介绍产品、解释活动规则,主播助理负责引导用户、补充说明、回答问题、发放优惠券等,客服负责修改价格、与用户沟通、转化订单等。

如果一场直播要邀请艺人或专业领域的KOL参加,更需要提前做好安排,使直播达到最佳效果。

确定直播时间和时长

在直播方案中,确定直播时间与时长是一个非常重要的环节。直播时间与时长的确定要建立在用户分析的基础上,根据用户在抖音平台的活跃时间来确定。

另外,直播时间最好是相对固定的,如每天晚上8点开播,每周一、三、五直播等,培养用户的观看习惯。而且,每次直播的时间不宜过长,1~3小时为佳,这样既可以保证主播的状态,又可以保持用户的观看兴趣。

确定直播内容

确定直播内容是直播方案的关键环节，因为直播内容直接影响着直播节奏与最终的直播效果。为了做好直播内容策划，策划人员可以对一场完整的直播进行拆解，将其分成多个时间段，分别进行内容安排。

为了在规定时间内将所有产品展示出来，策划人员要针对每个产品设计讲解内容，规定展示时间。如果要在直播过程中发放福利，要确定福利发放次数与时间。只有考虑到所有细节，把每个环节安排好，才能保证直播活动顺利进行。

设置引导话术

主播的话术会直接影响最终的成交转化效果，为了保证最终的转化效果，策划人员要做好话术设置，通过真诚而有效的话语留住用户，刺激用户下单，提升转化效果。

确定直播间互动方式

开展直播间互动可以有效提升用户留存率，延长用户的停留时间，提高成交概率。开展直播间互动的方式有很多，如抽奖、限时秒杀、发放优惠券等。不同的互动方式会产生不同的效果，策划人员要仔细分析、认真研究，可以在不同的时间段采用不同的互动方式，以维持直播间的气氛。

打造直播间环境

随着用户审美水平的不断提升，想要直播间吸引更多用户停留，策划人员必须营造一个干净、整洁、富有美感的空间。直播间环境的打造必须根据直播带货的内容来确定，包括装饰、灯光、背景等，要以凸显产品优点、展现主播个性为原则，呈现出最好的效果。

确定直播间产品

策划人员在选择直播间产品时可以参考抖音产品销量排行榜，选择一些热门品类或潜在热门品类，如食品、日用百货等。在直播间产品选择方面，引流款、基础款、福利款和利润款都要涉及，保证每个品类的产品都能发挥应有的作用，在吸引用户观看直播的同时保证利润。

直播场控：场控的4项职能

直播场控最早出现在秀场直播，其主要职责是为主播提供音效，与粉丝互动，做好粉丝管理等。秀场直播的场控一般由忠实粉丝担任或者由主播直接指定。随着电商直播慢慢崛起，场控开始进入电商直播间。

在电商直播过程中，场控发挥着非常重要的作用，包括辅助主播调动直播间氛围，引导粉丝互动，应对各种突发事件，保证直播正常开展等。场控直接影响着直播节奏，一名优秀的场控不仅可以把握直播的节奏，影响粉丝行为，还会影响最终的成交额。具体来看，在直播带货过程中，场控需要承担以下4个职能，如图8-4所示。

图8-4 场控的4项职能

调节气氛

直播间气氛直接影响着粉丝情绪和粉丝是否下单购买。如果直播间气氛好，粉丝就会延长在直播间的停留时间，与主播积极互动，产生强烈的购买意愿；相反，直播间气氛差，粉丝进入之后不会过多停留，而原本存在的粉丝也会慢慢离开，形成恶性循环。

为了避免后一种情况发生，场控必须在直播过程中做好气氛调节工作，配合主播与粉丝积极互动，保持直播间热烈的气氛。如果主播在直播过程中表演才艺，场控可以发送弹幕引导话题讨论，甚至可以在冷场时制造话题，引导粉丝留言讨论，调节直播间的气氛。

需要注意的是，场控发布的所有话题必须具有正向引导作用，不要涉及时事、艺人八卦等敏感话题，以免舆论失控，造成不必要的损失。

陪伴粉丝

在直播过程中，场控必须时时关注粉丝，让粉丝感受到被重视、被关爱。对于优质粉丝，在其进场时，场控要通过弹幕表示热烈欢迎，同时提醒主播与这类粉丝积极互动。在粉丝维护方面，场控要谨记：不能遮挡主播的锋芒，不要让粉丝感到尴尬，不要在粉丝说话的时候任意打断等。

维持秩序

若抖音直播间向粉丝开放发言权限，粉丝可以任意发言，所以一些高人气的直播间经常出现粉丝在评论区打广告等现象，这样会扰乱直播间的秩序。对于这种情况，场控要及时发现并清理，将发布广告、辱骂主播、扰乱正常直播的粉丝清除出去。

当然，在这个过程中，场控也会发现一些有合作意向的粉丝。对于这类粉丝，场控要及时记录联系方式，在直播结束后交给主播或运营人员。

复盘直播

直播结束后，场控可以参与直播复盘，将在直播过程中记录的问题进行分享，帮助策划人员改进直播流程、优化直播内容，为下一场直播做好准备。

在某些情况下，在管理直播间的过程中，场控如果未厘清自己的身份与职责，导致直播间秩序混乱，将带来非常严重的后果。为了避免这种情况发生，场控必须谨记以下3点。

- 不要盲目跟风。场控要始终牢记自己辅助管理的角色，不要过度表现自己，遮挡主播和粉丝的锋芒。
- 对主播负责。场控要注意管理自己的言语与行为，以免因为言语不当导致粉丝流失，造成直播间人气下降。
- 对团队负责。场控的所有行为与活动都属于预算范围内，在执行一项计划之前，必须确保计划成熟，以免给团队造成经济损失。

第 **9** 章

流程攻略：直播带货运营的实战技巧

设备选择：直播间硬件设备选择技巧

直播活动的开展离不开直播设备的支持，甚至可以说，直播设备在很大程度上影响着直播效果。那么，一场抖音带货直播需要哪些设备？这些设备应该如何选择呢？

手机设备、电脑设备

1. 手机设备

如果选择用手机直播，应该尽量选择一款配置高、性能好的手机，因为直播推流对硬件设备的性能要求比较高。

智能手机一般有两个摄像头——前置摄像头和后置摄像头。因为技术限制，前置摄像头的像素相对较差，所以建议主播使用后置摄像头直播，以保证直播画面的清晰度。如果主播使用后置摄像头直播，就需要再准备一个手机查看用户留言，以便与用户互动。

2. 电脑设备

如果选择用电脑直播，就要选择一款CPU性能较好的电脑，因为电脑直播推流对CPU的性能要求很高。另外，还要选择一个质量较好的摄像头，搭配摄像头支架，保证直播画面的稳定性与清晰度，带给用户更好的观看体验。

网络设备

抖音带货直播对网络速度与网络的稳定性都提出了较高的要求，如果网络速度慢或者网络稳定性较差，就会导致直播画面加载速度过慢或者画面卡顿，使用户的观看体验较差。所以，抖音带货直播最好使用网速在100Mbit/s及以上的网络，以保证直播画面的流畅性与稳定性。

辅助设备

1. 落地支架或者桌面支架

落地支架或桌面支架可以保证直播设备的稳定性，进而提升直播画面的稳定性。选购落地支架或桌面支架时，要对支架材质、功能、稳定性、价格等因素进行综合考虑。

2. 麦克风

麦克风的类型非常多，包括电容麦克风、动圈麦克风、驻极体麦克风等。在直播领域，大部分主播使用的是电容麦克风，因为这种麦克风可以减少杂音与爆音，让声音更清晰地传播出去。选择电容麦克风时，主播需要考虑品牌、价格与性能等多种因素。为保证音质，主播可以选择大振膜的电容麦克风。

3. 声卡

无论选择用手机直播还是电脑直播，为了保证声音效果，主播都需要选购一款高质量的声卡。因为声卡不仅可以丰富伴奏，提供各种各样的特效声音，还可以丰富直播间的场景，让直播间的气氛更活跃。

灯光设备

对于直播间来说，灯光非常重要。灯光不仅可以营造直播所需的氛围，还可以突出主播及想要推广的产品，强化这些内容在用户心目中的印象。一般来说，一套完整的灯光设备应该包括环境灯、主灯、补光灯和辅助背景灯，这些灯光设备的具体功能如表9-1所示。

表9-1 灯光设备的具体功能

灯光设备	具体功能
环境灯	主要功能是照明，保证整个直播间的亮度，一般会使用顶灯或者LED灯
主灯	主要功能是辅助，保证主播和产品接受到的光线均匀且柔和，让用户看起来更舒服，不会太刺眼
补光灯	主要功能是美颜，修饰主播的肤色，让主播的面部看起来更加柔和，给用户留下良好的印象
辅助背景灯	主要功能是装饰、烘托气氛。如果其他灯光无法营造出令人满意的效果，就可以使用辅助背景灯进行调节

在直播过程中，直播间的光线必须明亮、舒适，这是最基本的要求。如果是美妆产品的近景拍摄，室内光线比较弱，可以增设一盏补光灯，例如环形补光灯；如果是远距离拍摄，可以打开室内顶灯，搭配LED灯带或专业的摄影顶灯。

另外，直播间灯光布置可以根据实际的灯光效果选择常亮摄影柔光灯补光，保证直播间光线明亮、光照均匀。如果是外景拍摄，可以使用户外手持补光灯进行补光。

其他设备和工具

抖音带货直播需要在直播间摆放一些样品以便主播展示，如果样品数量较多，就需要借助一些工具将产品有序摆放，如置物架、陈列台等。如果有助理、调音师等跟播人员，还要为他们准备电脑和桌椅等。

场地布置：直播间装饰技巧

直播电商通过屏幕向用户传达相关信息。从视觉信息接收方面来看，主播可以传达给用户的信息包括3类，分别是主播个体、直播间字幕、直播间布置。其中，主播个体可以让用户清晰地感知主播的形象，直播间字幕可以通过文字将信息直接传达给用户，直播间布置可以辅助主播塑造人设。

虽然在人设塑造、直播带货方面，直播间只能起到辅助作用，但在用户接收到的视觉信息中，直播间陈设、环境、氛围等信息占有很大比重。如果直播间环境不佳，即便主播形象再好，也无法给用户留下良好的印象。因此，直播间布置非常重要。

那么，如何打造一个既符合自身定位又契合用户喜好的直播间呢？

直播场地

直播间的空间无须太大。一般来说，个人直播间的面积为8～20平方米，根据直播产品的不同，直播间的大小可能具有一定的差别。比如，美妆类产品的直播间面积大约为8平方米，服装类产品的直播间面积大约为15平方米。

直播间面积虽然不大，但可以通过一些技巧让直播间"看起来"更大，具体方法如下。

- 主播站在直播间的对角线上，通过对角线强化直播间画面的纵深感和立体感。同时，主播站在对角线上还可以让画面看起来更有动感、有活力，借此突出主体。
- 在主播身后多放置一些物品，如沙发、绿植、模特、衣架、茶几、书架等，通过主播、物品将整个直播画面切割成前、中、后3个部分，让直播间"看起来"更宽广。

如果是团队直播，直播间的面积应更大一些，但一般也需要控制在20～40平方米。如果是这样的直播间，就不需要使用上述技巧增加直播间在视觉上的宽广度了，只需要划分好各个区域，根据灯光确定好主播位置。

直播间背景墙

直播间背景墙的设计要遵循简单、干净的原则。墙面颜色最好选择浅色，如米黄色、淡绿色、淡蓝色、浅灰色等，呈现出简单、大方、明亮的视觉效果。

另外，直播间背景墙颜色可以根据主播形象与直播风格进行选择，假设主播形象比较可爱，背景墙可以选择粉色、鹅黄色、淡紫色等比较活泼、明快的颜色；如果主播形象比较成熟，背景墙应该选择浅灰色、浅绿色、蓝灰色等。实践证明，灰色背景墙通过摄像头呈现出来的效果比较好，可以使主播、产品更突出，而且不会过度曝光，影响最终呈现出来的视觉效果。

此外，主播还要注意直播画面的比例，合理的画面比例可以使用户获得更好的观感。在抖音平台，直播间顶部一般是个人信息与在线观看人数，左下方是评论区及送礼物专区。因此，在抖音开展带货直播，最好将人物及产品放在屏幕右侧，保证整个画面的稳定性，突出人物及产品，使内容呈现效果达到最佳。最后，为了防止产品遮挡主播，可以让主播远离镜头站位，让画面比例保持最佳。

直播间环境标准

直播间环境有一定的标准，如光线明亮、视野清晰、物品整洁等。具体来看，直播间环境设计要在以下几个方面达到相应标准，如表9-2所示。

表9-2 直播间环境设计标准

设计标准	具体内容
音乐和灯光	直播间可以用一些舒缓的背景音乐和柔和的灯光来烘托气氛，但音乐声不能太大，灯光也不宜太强烈，以免分散用户的注意力，影响直播呈现效果
陈列置物架	带货直播往往需要在直播间堆放很多样品。为了让直播间看起来干净整洁，可以陈列一些置物架、衣架或模特，将样品摆放整齐，按顺序推荐给用户。置物架的数量要根据直播间的面积来确定，如果直播间的空间较小，置物架的数量不能过多，以免让直播间看起来过于拥挤
地面	如果资金充足，主播可以在直播间铺设吸音毯来降低混响，让声音效果达到最佳。地毯颜色最好选择浅色，与墙面颜色相映衬
装饰点缀	如果直播间的空间比较大，可以点缀一些装饰物，如玩偶、挂件、盆栽等，以免让直播间看起来比较空旷。如果是节假日，还可以摆放能够营造节日气氛的物品，如元旦节可以悬挂小灯笼等

前期策划：带货直播的准备工作

为了保证直播带货的效果，包括主播在内的直播团队需要在开播前做好一系列准备工作，具体包括精准定位目标用户、制定直播脚本、挑选直播产品、确定直播时间、丰富知识储备、调整直播状态等，如图9-1所示。

图9-1 带货直播的准备工作

精准定位目标用户

想要提高直播带货的转化率，必须精准定位目标用户，根据目标用户的特点和需要策划直播脚本。以饰品为例，这类产品的目标用户是女性。为了提高转化率，主播需要根据用户的年龄、所在地域和消费能力对其进行细分，如年长的女性更注重饰品的质感，年轻的女性更注重饰品的时尚感等。明确目标用户之后，直播团队需要再挖掘目标用户的核心需求，有针对性地策划直播内容。

制定直播脚本

带货直播是一个动态的过程，涉及的因素很多，包括人员配合、产品展示、场景切换、直播表现、促单活动等。其中任何一个环节出错，都可能导致直播失败。因此，在直播开始之前，直播团队要制订一份直播脚本，脚本内容必须详细，覆盖直播的各个环节，有较高的可行性。

对于一场带货直播来说，直播脚本非常重要，主播可以借助直播脚本规划直播流程、控制直播节奏，以达到最终的直播目标。直播脚本设计需要遵循以下几个原则，具体如图9-2所示。

图9-2 直播脚本设计需遵循的原则

1. 明确直播主题

一场带货直播的目的可以有很多，如可以是产品促销、新品预售，也可以是回馈粉丝、品牌宣传等。明确直播主题可以让用户提前知晓可以通过这场直播获得哪些利益，让用户对直播产生期待。

2. 把控直播节奏

一份可行性较高的直播脚本对直播内容的规划往往会具体到分钟，例如，晚上7:30开播，7:30—8:00进行直播预热，8:00—9:00上新产品；一共有10款新品，每款新品讲解5分钟，留出10分钟处理突发状况等。总而言之，直播脚本越详细，越有利于主播把控直播节奏，保证直播效果。

3. 调度直播分工

一场带货直播的顺利开展需要不同岗位的人员相互配合，例如主播、主播助理、运营人员等。为了保证直播活动有序开展，必须在直播开始前明确各岗位人员的职责。例如主播负责引导用户、介绍产品、讲解活动规则等，主播助理负责与用户互动、回答用户提问、推送优惠信息等，客服负责修改价格、转化订单等。

4. 控制直播预算

商家或主播在规划直播脚本时要考虑单场直播的成本，提前设计好优惠券面额及数量、秒杀活动的产品价格及数量、赠品成本及数量等，以免活动成本超出商家的承受能力，得不偿失。

挑选直播产品

商家或主播挑选产品时必须紧跟热点，提前预测未来半个月或一个月内的新品，挑选其中最有可能成为爆款的产品进行主推。另外，商家或主播挑选产品时还要考虑用户的需求与喜好，在日常直播的过程中多与用户交流，收集用户需求，有针对性地挑选产品。

除此之外，挑选产品还要考虑团队的运营能力，选择直播团队比较了解、擅长运营的产品，这样更有利于挖掘产品卖点，打造爆款产品。

确定直播时间

一名拥有海量粉丝、成交额可观的带货主播必然保持着较高的开播频率。例如每周至少开播3次，每次的直播时长不少于3小时，有些主播甚至做到了每天开播。

为了增强用户的黏性，主播必须确定自己的开播频率与开播时间。初期，如果主播不了解用户的活跃时间，可以多尝试几个时间段，如下午2:00—6:00、晚上7:00—10:00等，直至找到直播效果最好的时间段，将其固定下来作为自己的直播时间。而且直播时间一旦固定就不要轻易调整，因为只有固定的直播时间才能培养用户的观看习惯，形成较为稳定的观看群体。

丰富知识储备

抖音直播带货有一定的规则，如果主播违反规则就会被强制退出。为了防止这种情况发生，主播必须了解平台规则，掌握一些应对突发问题的技巧与方法，保证直播过程顺利进行。例如，有用户在直播过程中留言投诉产品质量不佳，申请维权。面对这种突发状况，如果主播处理得当就会赢得一批用户的好感，提高成交率；如果处理不当，就会导致用户流失，甚至会收到很多退货申请。

除了这些知识与技能外，主播还要学习所在行业的专业知识。例如，如果是美妆主播，就要学习美妆知识，了解行业内的品牌，包括头部品牌、腰部品牌、尾部品牌与新兴品牌等；还需了解合作品牌的产品，挖掘产品卖点，提前思考用户可能提出的问题，设计回答内容与方式，做到有备无患。

调整直播状态

主播的直播状态会通过镜头直接传递给用户。如果主播心情愉悦、精神焕发，就会带动整个直播间的气氛积极向上，刺激屏幕前的用户产生购买冲动；如果主播心情低沉、无精打采，则可能导致整个直播间的气氛比较沉闷，观看的用户会相继流失，无法达到预期的转化效果。所以，在直播开始前，主播必须调整自己的心情与状态，向用户传递快乐、积极的情绪，刺激用户下单购买。

带货法则：转化成交的技巧

商家直播的目的是吸引流量，实现转化变现。为了达到这一目的，商家在直播和运营方面都要讲究一定的技巧，下面就从直播与运营两个角度进行具体分析。

直播角度

在直播带货的过程中,主播需要掌握一定的技巧,具体包括以下4个方面,如图9-3所示。

图9-3 直播带货的技巧

1. 强调产品卖点

主播介绍产品时要反复讲解产品的卖点与优势,击中用户的痛点。例如,某款产品是品牌专门为直播推出的特价款,优惠力度空前绝后,主播可以反复强调这一点,让用户产生"买到就是赚到"的心理,刺激用户产生购买冲动;或者某款产品的赠品是品牌专门为直播定制的,仅此一批,数量有限,主播通过强调这一卖点,也可以激发受众的购买欲望。

2. 突出产品性价比

大多数消费者愿意在直播间购买产品就是因为直播间的产品价格低、赠品多、性价比高。所以,在开播初期,直播间为了吸引流量,要多推出一些特价产品和优惠活动,用特价吸引用户,用福利将用户转变为自己的粉丝。如果是商家与直播间合作,就要做好降价的准备,科学计算商品折扣,最大限度地让利消费者,只有这样才能增加交易量,提高转化率。

3. 多送奖品福利

为了吸引用户,提高转化率,商家可以多准备一些奖品,开展抽奖活动,或者以送福利的形式将奖品送给用户。为了提高用户参与活动的积极性,这些奖品要具有较高的性价比,迎合用户的喜好。

例如在某场直播中,商家准备了20份奖品,每10分钟就进行一次抽奖,或者将奖品作为赠品送给幸运观众,极大地提升了直播间的热度,吸引了更多用户进入直播间,有效地激发了用户的购买欲望,最终获得了非常理想的转化效果。

4. 及时引导和答疑解惑

在直播过程中,为了让用户详细了解产品的功能、特性、优点等信息,主播要反复展示产品,对产品进行讲解,这就意味着主播要反复回答一些问题。在这个过程中,面对用户提问,主播要保持耐心,及时解答用户疑问,引导用户下单,向用户讲解如何领取优惠券,如何凑单享受平台福利等。另外,为了刺激用户尽快做出购买决策,主播要适时营造抢购氛围,通过倒计时等方式引导用户尽快下单。

运营角度

1. 提高产品曝光度

产品曝光指的是主播在镜头前展示产品，让用户看到产品的各个细节，增进对产品的了解。因为直播带货是通过镜头展示产品，所以视野比较窄，留给产品展示的空间比较小。因此，在直播带货过程中，为了更好地展示产品，主播一般会将手放在产品后面做背景，拉近镜头给产品一个特写，将产品细节全方位地展示出来，提高产品的曝光度。

2. 上链接

上链接的主要目的是进行产品转化。上链接的方式有两种：一种是主播介绍完产品之后再上链接；另一种是主播提前将所有链接都发布出去，直播时再告诉用户相应的产品在哪一个链接可以购买。第一种方式适合粉丝规模比较大的主播，第二种方式适合粉丝规模比较小的主播。

3. 产品主页浏览

与淘宝直播的不同之处在于，用户观看抖音带货直播购买产品，点击购买时要先进入产品主页，再点击才会进入详情页。所以主页图非常关键，如果主页图吸引力强，就能引导用户点击进入详情页，增加成交的机会；如果主页图吸引力不强，用户很可能直接退出。因此，运营人员必须做好主页图设计，迎合用户喜好，保证转化顺利完成。

4. 数据化运营

数据化运营指的是要根据与直播相关的数据指导运营，需要参考的数据具体包括以下几个，如表9-3所示。

表9-3 直播数据化运营

数据化运营	具体内容
直播销售额	销售额可以直接体现主播的直播带货能力，但为了保证测评结果公平、公正，要对一段时间内的数据走向进行综合分析
直播转化率	如果用户对产品感兴趣，就会点击购物车查看产品详情，这个行为会被统计到"正在购买人数"中，体现直播转化率
直播用户留存率	抖音直播与抖音短视频的推荐机制相似，直播间的人气越高，平台就会把直播间推荐给更多用户。所以，运营人员要优化直播内容，想方设法吸引更多用户进入，延长用户的停留时间，为直播间争取更多流量
直播间用户画像	为了提高成交额，直播间选品与直播内容规划必须面向目标用户进行，具有一定的针对性。直播间要想精准定位目标用户，必须对用户年龄、性别、兴趣、来源等因素进行全面分析，深入挖掘用户需求，绘制精细的用户画像
直播互动数据	通过用户与主播的互动数据进行分析可以了解用户的购买需求，明确用户的购买倾向，发现用户感兴趣的话题，从而有针对性地准备话题、产品与游戏，增进与用户的互动，活跃直播间的气氛

复盘优化：直播后的数据化复盘

直播结束后，运营人员与主播要对直播活动进行复盘，总结这场直播的成就与不足，吸取经验、总结教训、提升技能。

直播复盘的作用

有效的直播复盘对运营人员与主播有以下几方面的作用，如图9-4所示。

图9-4 直播复盘的作用

1. 理顺工作流程

为了提高转化率，主播在带货直播活动中会使用一些技巧与方法，这些技巧与方法不是固定不变的，需要主播在直播活动中慢慢探索、积累。直播复盘就能起到这样的作用，可以帮主播积累方法与经验，理顺各项工作的开展流程，让直播过程更顺利。

2. 改正错误，不断精进

如果主播在直播过程中出现错误，如没有控制好直播时间，没有在规定时间内将产品介绍完，与用户发生争执等，复盘时，运营人员与主播可以对这些错误进行总结，找到有效的方法防止下一次直播出现同样的错误。

3. 将经验转化为能力

随着直播次数越来越多，在介绍产品、处理用户投诉、应对现场突发状况等方面，主播会积累一定的经验。但经验不等于能力，主播要坚持通过学习提升个人能力，实现自我成长。

直播复盘的5个环节

为了保证复盘效果，运营人员与主播要在直播结束后有计划地复盘，整个复盘过程应该涵盖以下5个环节，如图9-5所示。

图9-5 直播复盘的5个环节

1. 回顾直播过程

如果平台支持回放，运营人员与主播可以站在用户的角度，将整个直播过程回放一遍，理解用户的感受，发现直播过程中存在的问题，优化解决。

2. 总结本场直播的优点

直播结束后，运营人员与主播要总结优点，加深记忆，将其形成固定的范式，在以后的直播中保持这些优点，保证直播效果。

3. 列出本场直播的问题

挑错是直播复盘过程中非常重要的一个环节，只有发现问题，找到解决方案，才能避免下次直播出现同样的错误，不断地取得进步。

4. 总结直播经验

在直播复盘过程中，运营人员与主播要关注用户活跃度，找到用户活跃度最高的时间段，和用户兴奋的原因等，总结直播经验，将其应用在以后的直播中。

5. 对本场直播打分

直播复盘时，运营人员与主播可以给本场直播打分，以对这场直播产生更全面的认知。另外，通过复盘打分，主播可以看到自己的成长过程，明确是否能够持续进步，通过这种纵向比较对自己的能力形成更全面的认知。

从客观数据看问题

分析直播的数据主要是为了达到两个目的：一是盘活存量、扩大增量，二是发现并解决问题。盘活存量指的是调动现有粉丝的积极性，扩大增量指的是吸引更多新粉丝。直播结束后，运营人员与主播可以通过后台查看这些数据。当然，有些数据可以直接看到，有些数据要通过计算才能得出。

在后台显示的所有数据中，运营人员与主播首先要关注以下两个数据。

- 总PV（Page View，单页点击率）：指的是页面浏览量或点击量，用户每点击进入一次直播间就会产生1次PV，总量可以累计。直播间的总PV会在后台直接显示出来。
- 总UV（Unique Visitor，独立访客）：指的是进入直播间的总人数。一天内，重复进入直播间的用户最多被记录一次UV。

运营人员与主播在每一场带货直播结束后都要进行复盘，而数据的复盘对于有效提高带货直播的质量最为关键。因此，运营人员与主播在明确了总PV和总UV两个数据之后，还需要通过以下4项数据进行复盘，如表9-4所示。

表9-4 直播复盘的4项分析数据

直播复盘的4项分析数据	
粉丝UV占比	粉丝UV占比指的是在进入直播间的总人数中粉丝的占比。如果一场直播结束后，粉丝UV占比较高，就说明这场直播的主题与内容迎合了现有粉丝的需求与喜好，前期预热与私域运营产生了较好的效果；如果粉丝UV占比较低，就说明这场直播没有吸引太多现有粉丝关注。接下来，运营人员与主播就要考虑如何挖掘现有粉丝的需求，做好现有粉丝的维护与运营，释放其购买力，也就是所说的盘活存量
粉丝互动率	粉丝互动率指的是参与互动的粉丝数量在粉丝UV中的占比。通过分析粉丝互动率，运营人员可以了解有多少粉丝在直播过程中与主播发生了互动，这些互动包括点赞、评论、转发、购买等。如果粉丝互动率比较低，就说明这场直播没能调动起粉丝的积极性，在以后的直播中，运营人员与主播就需要创新玩法，增进与粉丝的互动
转粉率	转粉率指的是新增粉丝数量与观看总人数之比。转粉率是衡量一场直播最终效果的重要指标。一般来讲，如果是新人主播，开播不足3个月，直播间转粉率一般为1%～5%，转粉率过低就说明直播效果不好，过高可能会被系统判定为刷粉，给直播间信用造成不良影响。如果主播不是新人，转粉率应该为4%～6%，过低或者过高都预示着可能存在某些问题
成交率	成交率指的是成交人数与总UV之比。虽然直播间产品的价格各不相同，但成交率可以在一定程度上反应一场直播的最终效益，体现一场直播的带货能力。如果在一个直播间，粉丝活跃度比较高，但成交率比较低，就说明直播间的产品结构存在问题，运营人员需要根据粉丝需求调整产品结构。如果新粉丝的活跃度比较高，但成交率比较低，就说明主播尚未取得新粉丝的信任，或者产品价格过高。面对这种情况，主播就要调整直播话术，或为用户提供更多保障，例如赠送运费险，直接7天无理由退换货等

第 **10** 章

爆品攻略：精细化选品的策略与技巧

货品配置：产品规划的2个维度

主播在直播带货时常常会面临诸多问题，比如产品的款式不多、单品的销量不高、产品总体的利用率不足等。直播带货之所以会出现如此多的问题，往往是因为主播没有提前对产品进行合理的细分，从而未能使产品符合用户观看直播的逻辑。

如果主播无法意识到这一点，其直播间的产品配置可能会持续处于混乱状态，从而陷入恶性循环。为了解决产品配置和管理方面的问题，主播可以从2个维度进行产品规划。

前期准备

1. 确定主题

配置产品需要首先确定一个主题，即直播主题。直播的主题又可以细分为两个类型，分别是场景主题和活动主题。主播可以从这两大主题出发，针对不同的阶段，来为自己的直播做一个合理的规划。

2. 选定产品

直播主题确定之后，就需要根据主题来配置相应的产品。正如为一个作文主题配置主要内容一样，主播也需要为直播主题配置不同特性的产品。产品配置有两大重点：一是风格搭配，二是套系搭配，具体如图10-1所示。一场成功的带货直播，需要保证产品的风格统一、套系匹配，因为只有这样，整场直播的产品才能保持一致的调性，直播的氛围才会更加和谐。

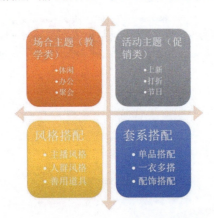

图10-1 货品选定的实战技巧

那么，直播究竟需要什么特征的产品呢？为了更清晰地了解每一场直播真正需要什么样的产品，主播不妨提前做一个简单的表格，具体规划一下自己的产品需求。产品配置表格中至少应具备三大要素，即直播主题、产品数量和产品特征。这三大要素基本可以保证产品配置得清晰和全面，具体如表10-1所示。

表10-1 电商主播选品配置的三大要素

日期	直播主题	产品数量	产品特征	辅推产品
4月25日	五一出游	60	穿着舒适，以具备色彩感为主	平跟凉鞋/小白鞋/太阳镜/帽子
4月26日	商务宴会	60	显瘦款，裙装为主	单鞋/高跟鞋/包包/塑身衣/饰品
4月27日	反季清仓	60	冬季羽绒、棉衣为主	压缩收纳袋/羽绒护理液/纳米防水喷雾/檀木丸

关键细节

主播在基本确定产品的调性之后，还需要将产品配置精细化，这里需要注意以下3个关键细节，如图10-2所示。

图10-2 产品配置的关键细节

1. 产品配比

产品的配比规划需要从产品组合、价格区间、库存配置这三大要素出发。制订合理的产品配比主要有两大好处：一是能提高产品的利用率，二是能最大化消耗单品库存。制订好合理的产品配比之后，主播只需要按照对应比例选择产品，并根据直播时长、用户反馈等情况确定直播的最终产品总数即可。

2. 产品更新

主播一方面要制定产品配比，另一方面也要持续更新产品。持续更新产品能够保证直播内容的新鲜度，对粉丝维护具有良好的效果。主播不需要将直播的产品全部更新，只需要更新一定比例的产品即可，那么一场直播一般需要更新多少比例的产品才能满足相应需求呢？

例如以某直播为参照，主播在新一场直播中推荐的新产品数至少是产品总数的50%，其中，流行主推款产品更新比例为40%，畅销单品更新比例为10%。合理的产品配比和产品更新可以使直播内容保持新鲜、饱满，并能进一步提高直播转化率。

3. 价格区间和库存配置

为直播确定适合的产品，并做好产品数量配比和更新配比之后，还要注重价格区间和库存配置的把控。在价格区间上，主播应该尽可能地缩小区间范围；在库存配置上，主播要特别关注相关数据，因为它是决定直播数据和直播转化的关键因素。

库存配置要谨记一个原则，即始终"保持饥饿"。主播要根据自己的粉丝数和在线人数来配置库存数量，尽量让库存数量保持在即将被抢购一空的状态。如果条件允许，商家和主播可以直接设置并显示店铺库存数量，从而配合直播的需要，这种方法有时是十分必要的。

就货品配置而言，主播除了围绕直播产品配置的几大核心内容进行精准策划外，还需要完善直播的后续环节，根据直播需求进一步提高产品资源利用率，对已经播过的产品做预留和返场，即实现"已播产品的储备和再利用"。对产品进行科学的配置和管理，可以使直播内容更加丰富，产品需求更加一目了然。

靠谱货源：主播拿货的4个渠道

在直播带货过程中，选品是非常重要的环节。主播选品时需要考虑诸多因素，比如哪些是热门产品，哪些产品符合平台特性等。不仅如此，从粉丝的利益出发，主播所选的产品必须保证质量过硬、价格优惠；而从商家的角度来看，主播带货必须创造一定的销量及利润。

那么，主播应该如何获得靠谱货源呢？就目前直播电商领域的实践来看，主播主要通过以下4个渠道拿货，如图10-3所示。

图10-3 主播拿货的4个渠道

分销平台

所谓"分销平台"，即电商平台，包括淘宝、京东、拼多多、唯品会、苏宁易购等。目前，大部分抖音主播都是通过分销平台选择合适的带货产品。而且这种分销模式前期不需要投入过多资本，主播在直播间试用和推荐产品即可。投入成本越低，意味着主播所要承担的风险越低，因此这种分销模式非常适合想要带货却缺乏资金的新手主播。

不过，这种分销模式也有缺点，即佣金率不够稳定。一些商家在设置佣金率时比较随性，有时佣金率高达50%，有时佣金率又会低至10%。不稳定的佣金率会给带货主播造成损失，而为了避免这种情况的发生，主播就需要找到靠谱、诚信的商家。当然，由于抖音的流量非常可观，许多商家对在抖音直播带货非常有信心，所以他们也愿意设置高佣金率吸引直播达人帮助自己分销带货。

主播在带货时还需要明确产品的发货时间，因为商家在产品销售量较大时常常会延迟发货，这很可能会导致粉丝不满。而为了照顾粉丝的情绪，主播在选品时就应该提前与商家沟通好发货时间和售后流程。

一些新手主播可能会通过联系淘宝客服来寻找直播带货的产品和合作商家，这种做法一般很难成功，因为淘宝客服并不负责这类工作。抖音主播要想寻找带货产品和合作商家，就需要直接找到店铺运营者，这样才更容易成功。而最靠谱、最有效的方式是通过短视频直播选品平台、淘客定向高佣组织寻找带货产品和合作商家，由于这些平台和组织都有第三方参与，所以可以避免许多后顾之忧。

自营品牌/联名

如果主播有自己的产品或供应链，也可以通过自营品牌或联名进行直播带货，比如开设自己的抖音小店，以直播方式进行宣传，让粉丝进入小店购买自营品牌的产品。

当然，主播也可以通过招商获得与各大经销商联名的机会。联名模式适用于头部大主播，这种直播带货模式拥有较高的利润，且售后有保障。联名直播卖货也有缺点，如其对供应链的要求较高，必须保障产品的及时更新和仓库存储的安全可靠。

合作商

合作商模式通常都是由商家主动找到主播进行合作。在这样的合作关系中，主播一般都拥有比较高的实力和人气，能够受到各路商家的青睐，拥有较大的选择权。而商家主要通过私信、商务联系、对外招商等方式来获得合作。

合作商模式的优点是带货产品都是知名度比较高的产品，质量有保障，产品的转化率较高；而缺点是商家能够提供的佣金可能比较低，但加上直播带货收取的"坑位费"（可以理解为"上架费"，商家需向主播支付一定的费用，主播才会将商品上架并在直播间介绍该商品），主播的利益也能够得到比较好的保障。

供应链

除以上提到的3种模式外，主播还可以创建和拓展自己的供应链。目前有的超级主播已经建立了自己的商品供应链。自建供应链的优点是利润高，除去产品成本和直播成本，直播带货的收入最终会全部进入主播的账户；而缺点是对资金链的要求比较高，主播需要承担一定的风险。

爆品逻辑：直播选品的七大思路

由于门槛较低以及流量方面的优势，抖音直播带货领域的参与者越来越多，这也就意味着行业竞争越来越激烈。而在激烈的竞争中，如何选择合适的产品在抖音售卖呢？那些成功的带货达人又是如何打造爆款产品的呢？下面我们就来简单介绍一下直播选品的七大思路，如图10-4所示。

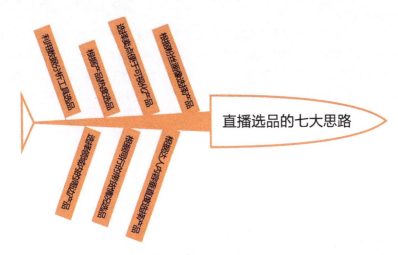

图10-4 直播选品的七大思路

根据粉丝画像选择产品

直播带货和短视频带货都需要以一定的粉丝量为基础，因为一般情况下，粉丝就是产品的潜在消费者。所以，主播在选品时一定要考虑粉丝的需求。

那么如何了解粉丝的需求呢？事实上，主播可以通过一定的渠道来描绘出精准的粉丝画像，可供选择的渠道主要有两种：一是直接通过抖音企业服务中心后台描绘粉丝画像；二是通过短视频直播数据分析工具描绘粉丝画像。

粉丝画像一般包括性别、年龄、地域、兴趣爱好等相关信息。根据粉丝画像分析粉丝需求，进而选择对粉丝具有吸引力的产品，这样才能保障直播带货的效果。另外，粉丝画像所透露出的与消费水平相关的信息也是主播应该重点关注的内容。主播可以根据这些信息来判断应该选择什么价位的产品进行带货。

所谓"细节决定成败"，主播应该对粉丝画像进行全方位的深度挖掘，获取其中具有价值的信息，不断建构自己的直播带货框架。

根据达人内容垂直度选择产品

主播在进行直播带货前，需要先清楚自己的账号定位，然后再去做与之相关的垂直领域产品，最后再逐渐拓展到其他新类目，如此进行直播带货会更容易成功。

例如，某知名美食达人一直通过发布美食短视频来运营账号，而他在直播带货时选择的产品都是与美食相关的调料、厨具、特产等。而如果主播是泛娱乐领域的达人，则可以直接选择自己喜欢的、熟悉的、擅长使用的产品来进行直播带货。

主播在缺乏明确的电商属性的情况下，则可以根据粉丝画像来选择产品，比如女粉丝多的主播可以选择美妆、美食、服饰、家具用品等作为主要直播产品，男粉丝多的主播可以选择数码产品、游戏用品、汽车用品等作为主要直播产品。

根据同行的带货情况选品

在进行直播带货之初，主播也可以关注并参考同行的选品。在公域流量中，海量的抖音达人都在进行直播带货，达人之间的竞争异常激烈，稍不留神就可能被别人超越。找到同领域的直播达人账号，查看其直播推广的产品，也是主播选品的重要参考方式。

比如，主播在抖音搜索栏中输入"好物推荐"等关键词，就能找到各种好物推荐视频。点击查看点赞量较多的视频，就能参考其带货的产品，如图10-5所示。

图10-5 搜索关键词

根据产品热度选品

短视频带货可以"蹭热度"，直播带货也可以"蹭热度"，例如端午节推荐粽子，中秋节推荐月饼，夏天推荐小风扇，冬天推荐暖手宝等都符合此类选品逻辑。另外，当下哪种产品是火爆的艺人同款或"网红"产品，那么就通过直播推荐哪种产品，这也是"蹭热度"的一种方式。

有时可能粉丝并不需要这样的产品，但由于这些产品在当下具有较高的热度，能够吸引更多的人进入直播间，所以引入这些产品，可以大大提升直播间热度，引发粉丝的热烈讨论，从而创造交易契机。

由此可见，直播带货既可以蹭时间的热度，也可以蹭内容的热度。主播想要蹭内容热度，就需要关注各大平台的热点信息，了解人们关注的焦点，比如热播电视剧、头条艺人等，并从中提炼出潜在的消费商机。主播想要蹭时间热度，就需要利用好节假日，选择适合节假日的产品提前做好带货短视频和直播预热。

选择卖点便于可视化的产品

主播在选品时需要考虑如何将产品的真实效果直接展示给粉丝，同时也要明确产品展示的形式必须以视频场景为主，这就意味着主播创造的可视化场景越多，越有利于产品的宣传推广。

如果主播推荐的是一款洗衣液，则可以通过视频向粉丝展示洗衣液的去污、柔顺、护色等功能；如果主播推荐的是一种保健品，则很难通过视频表现产品效果。因此，主播在选品时需要关注产品的使用效果，尽量选择能通过视频展示的产品。

同时，主播选择的产品还要符合抖音平台的调性。男士内裤、女士内衣等贴身用品在通过视频展示效果时会存在皮肤裸露过多的情况，而这可能会触碰平台红线，导致直播间或短视频被限流，主播甚至可能面临被封号的风险。

选择领域内的周边产品

在抖音普遍的选品方法中，选择领域内的周边产品进行带货具有较高的变现效率。例如可以利用抖音音乐账号带货无线耳机、蓝牙音箱、车载U盘、唱片、音乐书籍等产品。利用垂直账号推荐相关产品能够赢得粉丝的信任，也更容易实现流量变现。

利用数据分析工具选品

主播可以利用数据分析工具了解哪些产品在抖音更受欢迎。具体可了解的信息点有直播高峰时间段销量最高的产品、被点击次数最多的产品、达成交易量最多的产品等。主播可以利用数据分析工具获取粉丝喜爱的产品信息，同时结合自己的账号定位和粉丝需求，挑选出最适合自己直播带货的产品。

第 11 章

引流攻略：提升粉丝留存率与转化率

预告引流：直播宣传预热的技巧

抖音带货直播转化率不仅取决于主播或商家在直播过程中的表现，还取决于直播开始前的宣传预热，包括预告直播时间、发布宣传文案等，应鼓励用户对直播相关信息进行传播，吸引更多平台用户关注，以保证最终的直播效果。为了做好宣传预热，直播间运营人员可以采取以下措施。

预告直播时间

在开播前进行直播预告是直播的一个重要环节。有效的直播预告才能吸引更多粉丝进入直播间。抖音直播预告功能的具体操作流程如下。

步骤01 打开抖音，进入主页面后点击右下角的【我】，然后点击右上角的【≡】图标，找到【企业服务中心】并点击进入页面，再点击【主播中心】，然后点击屏幕右上角的【去开播】，如图11-1所示。

图11-1 去开播

步骤02 点击工具栏下方的【设置】，即可看到【直播公告】的选项，点击【启用直播公告】，如图11-2所示。

图11-2 启动直播公告

步骤03 在【直播公告】选项中选择【开播时间】，根据需要设置具体日期和时间，如图11-3所示。设置完毕后，直播预告时间会显示在直播间贴纸以及个人主页中。

图11-3 设置直播预告时间

撰写直播宣传文案

文案是非常有效的引流工具。如同广告宣传文案会为品牌引流一样，直播宣传文案也能为直播间带来源源不断的流量。那么，撰写直播宣传文案可以采取哪些技巧呢？

1. 展示品牌名

直播间购物与普通网购一样，因为无法直接体验产品，所以用户会担心产品的质量问题。为了打消用户的这一顾虑，运营人员可以将品牌名直接在宣传文案中体现出来。

2. 直击用户痛点

用户痛点往往是用户最真实的需求，如果宣传文案能够直击用户痛点，就能瞬间引起用户关注，吸引用户进入直播间，让用户产生购买冲动。所以，在为一场直播活动撰写宣传文案之前，运营人员要分析这场直播的目标用户，深入挖掘其痛点，围绕痛点撰写文案。

3. 点明直播优惠

大部分用户愿意在直播间购物，除了有主播试用、试穿，可以获得相对真实的体验之外，还因为直播间的产品价格相对便宜。基于用户的这一心理，直播宣传文案可以直接点名优惠力度，例如"季末清仓，全场1~3折""厂家直销，价格直降，全场119元封顶"等。

4. 注明亮点，独具特色

随着越来越多的主播意识到宣传的重要性，行业内出现了很多同质化的宣传文案。为了在同类主播中脱颖而出，运营人员可以设计一些独具特色的宣传点，彰显主播的个人风格，吸引更多用户。例如，格力电器的直播宣传文案"董明珠携3万家门店直播"，借助董明珠的IP品牌以及庞大的门店数量，吸引了海量用户观看直播。

站内引流+站外推广

1. 站内引流

在正式直播前的3～5天，制作并发送预告短视频进行预热，预告短视频中应包含直播日期、主题、福利等相关信息。主播也可以在直播当天发布预告短视频，将观看预告短视频的流量直接导入直播间。此外，主播还可以在账号主页（个人昵称、简介等）上添加抖音直播预告，提醒粉丝即将开播，吸引感兴趣的粉丝进入直播间。

2. 站外推广

在直播前，主播还可以借助微信、微博、小红书等新媒体社交平台进行直播预告，尽可能地吸引粉丝进入直播间，也可以选择一些相关平台进行合作，利用第三方平台宣传。比如主播在直播前，会提前做好海报、短视频等活动的预告，在微博更新。

连麦引流：瞬间引爆直播间人气

直播连麦也是一种非常有效的引流方法，指的是两名主播利用线上连线的方式进行面对面互动。具体来说就是，A主播在直播过程中向另一个直播间的B主播发起挑战，B主播接受挑战，两名主播就可以连麦，出现在同一画面中，两个直播间的粉丝也会进入同一个直播间。在这个过程中，如果A主播的粉丝对B主播产生兴趣，就会进入B主播的直播间，B主播的人气也会随之上涨。

由此可见，连麦直播就是引用一个直播间为另一个直播间引流，通过互动吸引粉丝、积累人气，延长粉丝的停留时间。需要注意的是，两个主播要想连麦，必须为抖音好友关系。当然，除了主播与主播连麦之外，主播还可以与粉丝连麦，提高粉丝的参与感，增强粉丝的黏性。

直播连麦的操作流程

直播连麦的操作流程如下：

步骤01 打开抖音，进入主页面后点击右下角的【我】，然后点击右上角的【≡】图标，找到【企业服务中心】并点击进入页面，再点击【主播中心】，然后点击屏幕右上角的【去开播】，如图11-4所示。

图11-4 去开播

第 11 章 引流攻略：提升粉丝留存率与转化率

步骤02 点击【开始视频直播】，进入直播页面，点击左下角的【PK】选项，会出现【发起PK】和【发起连线】两个选项，点击进入【发起连线】后，主播可以根据自己的需要来邀请连麦对象，如图11-5所示。

图11-5 发起连麦

直播连麦的技巧

新人主播在连麦时可能会遇到一些不知道如何应对的问题。为了防止这种情况发生，下面我们来介绍几个连麦小技巧。

1. 向连麦主播提问

一般情况下，直播连麦会进行PK。作为新人主播，如果不知道玩什么游戏，可以向对方主播提问，将游戏的决定权交给对方。或者，主播可以向粉丝提问，在粉丝给出的游戏建议中进行选择。

2. 提前准备游戏

为了防止在连麦过程中惊慌失措，新人主播可以提前准备几个游戏，熟悉游戏规则与玩法，在PK中掌握主动权，让直播PK迅速进入主题，吸引粉丝观看。

3. 与连麦主播互关

新人主播发起连麦之后，如果匹配到一个粉丝量比自己多的主播，可以点击关注，并邀请对方关注自己，下次直播时邀请对方再次PK。

4. 连麦的时机选择

直播连麦需要在积累了一定的人气之后进行，大多数主播会选择在直播开始后1小时进行。另外，如果有明确的连麦主播，要了解对方的下播时间，要在对方下播之前进行连麦。如果主播因事需要暂时离开，可以申请连麦救场。在连麦之前，主播最好与连麦主播做好沟通，以免对方因临时收到连麦邀请而不知所措。

5. 给连麦主播刷礼物

在连麦之前，要通过各个渠道收集连麦主播的信息，对其进行一定的了解。第一次与对方连麦，可以适当地刷一些礼物，让对方感受到自己的诚意，增强双方的配合度。

内容引流：输出优质的直播内容

对抖音直播来说，人气和内容一直是分不开的话题。主播输出优质的直播内容能为直播间带来高人气，而获得了高人气后，他们又会不断创造新的优质内容，进而吸引更多关注，赢得更多打赏。而要想提升直播间人气，除了要持续输出优质内容外，还需要了解抖音平台的推荐逻辑。

无论短视频还是直播间，抖音平台都会根据大数据算法来获取它们的基本特征，比如进入率。作为一个非常重要的指标，进入率指的是用户进入某直播间的概率。当大量用户看到一个直播间封面时，他们非常愿意点击进入，那么这说明这个直播间的进入率较高。

除了进入率之外，还有一个关键指标，即用户的观看时长。也就是说，用户在进入直播间后具体能观看多久。如果直播间的内容足够吸引人，那么用户的观看时间自然会很长。抖音会利用系统算法将直播间推荐给对该直播间的内容感兴趣的用户，而要想实现这种精准推荐则主要取决于直播内容。

具体而言，商家或主播要想打造优质的直播内容，可以从以下3个方面着手，如图11-6所示。

图11-6 打造优质直播内容的3个方面

直播间封面

直播间的封面图要选择1∶1的高清图，具体可根据直播主题选择直播间封面，例如美食直播可选择食物类图片作为直播间封面。而在主播个人外形出众或者辨识度比较高的情况下，也可以选择真人照片作为直播间封面。真实的照片不仅能增加个人魅力，还能拉近主播与用户的距离，赢得用户的信任。

直播间标题

抖音间直播标题最好控制在10个字之内，比如"粉丝专享等你来""新主播求关注""一起来打卡"等，这样简单明了的文字介绍能够快速突出直播主题，吸引用户进入直播间。

直播间布置

直播间的布置十分重要，它会直接影响用户的整体观感。如果你的直播间不够美观，可以选择利用美丽的布景来打造直播间。在直播间的布置上，以浅色、纯色为背景的优势是简洁、大方而且便于操作。需要注意的是，不论背景风格如何，直播间的布置都应该杜绝杂乱，否则会引起用户的反感，从而降低直播间的人气。

主播可以根据直播主题来布置直播间。例如，你是美食产品的带货主播，就可以选择餐桌、客厅、厨房作为背景；你是娱乐主播，则可以选择柔和、温馨的房间做直播，房间的背景以音乐相关的装饰为主，可以适当利用小灯串来烘托气氛。需要注意的是，直播间的背景音乐音量不要太高，灯光不能太亮，否则容易分散用户的注意力。

另外，尽量不要用白色墙面做直播间背景，因为白色墙面容易反光，在主播展示产品时，可能会造成镜头模糊，使用户看不清楚产品。如果实在想选择白色墙面做背景，则可以通过调节灯光来改善背景效果。

话术引流：主播与用户互动的方式

主播与用户双向互动既是直播间的特点，也是直播间的优势。主播与用户之间的互动，能够拉近彼此的距离，让用户产生归属意识，主动对直播间的活动进行宣传，可以给直播间带来更多新用户。在直播带货的过程中，主播可以采取以下几种方式与用户互动，如图11-7所示。

图11-7 主播与用户互动的方式

开场式互动

直播开始后会有用户陆续进入直播间，在此阶段，主播要与这些用户积极互动，延长他们在直播间的停留时间，以保持直播间的人气，吸引更多用户进入。

首先，对于进入直播间的主播要表示欢迎。在时间允许的情况下，主播可以点明用户昵称并表示欢迎，例如"欢迎xxx进入直播间"，让用户产生被重视的感觉，从而对主播产生好感。

其次，在直播刚开始的一段时间，由于直播间的用户数量比较少，不太适合推荐产品，主播可以与用户聊天互动，抛出一些容易引发讨论的话题，如夏天喜欢喝什么饮料、喜欢哪种风格的服装等，借这些话题活跃直播间的气氛。

提问式互动

提问是一种非常有效的互动方式，主播提出问题让用户回答，一来一回，自然就能形成互动。为了避免冷场，主播需要注意提问方式以及提问内容，最好不要设置开放性的问题，提问时要提供几个答案供用户选择。封闭式问题相对来说答案少、表述简单、回答门槛低，用户回答的积极性也会更高。

例如，主播想了解用户喜欢什么风格的连衣裙，可以将这个问题转化为封闭式问题，"你们喜欢碎花连衣裙还是素色连衣裙？""喜欢长裙还是短裙？""喜欢雪纺的还是纯棉的？"通过这些问题，主播大致能够了解用户对裙子的喜好，获得自己需要的信息，同时还可以提高与用户的互动率，活跃直播间整体的气氛。

问答式互动

在直播过程中，如果用户对主播感兴趣，就会主动提问，例如：

"主播的口红真好看，是哪个牌子的哪个色号？"

"主播的连衣裙真好看，是今天的新品吗？"

"主播的耳环好看，是在哪里买的？"

……

面对这些问题，主播要有耐心地回答，例如："对，这件连衣裙是今天的新品，是不是很好看？别着急，今天的新品有很多，保证每一件都让你惊艳！""耳环是今天的福利，有兴趣的朋友可以等一等，价格非常优惠！"主播要用具有亲和力的语气和用户交流，让用户放松、自在，对这场直播充满期待，为后续的成交转化奠定良好的用户基础。

抽奖式互动

抽奖不仅可以增进与用户的互动，还可以在短时间内提高直播间的热度。主播可以在直播中使用"抖音福袋"道具，观众可以完成任务领取福袋，这种做法有助于直播间引流。"抖音福袋"包括"粉丝团福袋"和"全民福袋"2种类型，如图11-8所示。

无论采用什么方式，选择奖品时必须注意一些事项，让用户感受到主播的诚意。为了保证互动效果，要多设置几个互动环节，提高用户的期待感，延长用户的停留时间。

图11-8 抖音福袋

感谢式互动

直播结束时，主播要向用户表示感谢，这也是一种互动。

在直播过程中，如果直播内容非常精彩，让用户享受到了真正的优惠，用户可能会给主播打赏，这些打赏会转化为"音浪"，积累到一定数量可以提现，成为主播收入的一部分。所以，在收到用户打赏之后，主播必须表示感谢，以免给用户留下冷漠、没有礼貌的不良印象。

另外，有些用户观看直播的时间比较长，对于这部分用户，主播也要表示感谢，例如："本次直播就要结束了，感谢大家的陪伴，明天晚上xx点我在这里等着你们，更多新品、更多福利送给大家。再次感谢大家，大家赶快休息，晚安啦！"在表示感谢的同时预告下一场直播，提前为下一场直播积累人气。

第4篇
电商实战篇

第 **12** 章

商品橱窗：入驻流程与商品添加教程

权限申请：商品橱窗的开通流程

抖音商品橱窗功能相当于个人主页商品分享功能，其支持通过精选联盟添加并分享第三方电商平台（包括但不限于小店、淘宝、京东、考拉海购、唯品会、苏宁易购等）的商品，如图12-1所示。抖音达人在开通商品橱窗功能后，就可以在自己的视频或直播间中添加并售卖商品了。粉丝通过短视频或直播购买商品后，达人可赚取一定比例的佣金。

图12-1 抖音商品橱窗

商品橱窗的申请条件

商品橱窗的申请条件比较简单，只要满足以下4点即可。

（1）完成实名认证。
（2）缴纳500元的商品分享保证金。
（3）个人主页视频数≥10条。
（4）抖音号粉丝量≥1000。

满足以上申请条件，即可开通商品橱窗功能。审核通过后，达人可以借助个人主页中的商品橱窗在发布的短视频中添加商品进行售卖，也可以在直播间添加商品进行售卖。

商品橱窗的开通流程

1. 商品分享功能申请

打开抖音，进入主页面后点击右下角的【我】，点击右上角的【≡】图标，找到【创作者服务中心】并点击进入页面，点击【商品橱窗】，进入商品橱窗申请页面，点击【商品分享权限】进行个人信息认证，申请通过审核后，将收到系统通知，具体操作流程如图12-2所示。

第 12 章　商品橱窗：入驻流程与商品添加教程

图12-2　商品分享功能申请

2. 添加橱窗商品

在开通商品橱窗功能后，就可以添加商品链接了。在【商品橱窗】页面点击【选品广场】，这时页面会跳转到商品库，商品库中包括【商家榜单】【爆款推荐】【新品专区】【商品榜单】【团长榜单】等各种类型的推荐商品。达人可以直接添加商品库中的商品，也可以在搜索栏中搜索想要添加的商品，还可以点击右上角的【链接】，添加商品链接，具体操作流程如图12-3所示。

图12-3　添加橱窗商品

3. 开通精选联盟收款账户

在【商品橱窗】主页下方的【精选联盟】选项中，点击进入【账户升级】，跳转到【选择资质类型】页面，达人根据自身情况勾选相应的资质类型，点击【下一步】跳转到【资质认证】页面进行结算账户信息确认，再点击【下一步】，填写个人信息进行资质认证，具体操作流程如图12-4所示。

图12-4　开通精选联盟收款账户

139

4．在短视频中添加商品

收款开通完成后，就可以编辑商品标题了。标题限制在10个字以内。然后选择商品分类，点击【完成编辑】，就可以上传商品到橱窗了。

添加好商品后，商品就保存在商品橱窗里了。那么，如何在短视频中添加商品呢？打开抖音，点击底部的【＋】选项，选择录制视频，或在右下角的【相册】中选择本地视频，点击【下一步】后进入作品【发布】界面，点击【添加标签】，选择【商品】后进入【我的橱窗】，点击【添加】要上传的商品，如图12-5所示。

图12-5 橱窗商品添加

商品添加完成以后点击【确定】，返回到作品【发布】界面，点击【发布】，视频发布完成后就可以看到黄色的购物车，如图12-6所示。

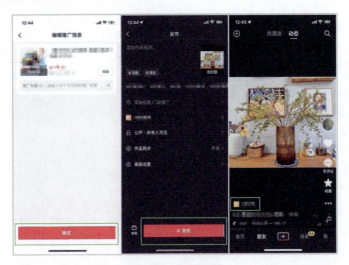

图12-6 橱窗商品发布

橱窗管理：置顶/删除商品

在【商品橱窗】页面中点击【橱窗管理】，进入页面后点击右上角的【管理】，勾选任一已添加的商品后，页面右下角出现【置顶】和【删除】两个选项，商家或主播可根据实际情况进行选择，如图12-7所示。

需要注意的是，商品置顶、删除、添加功能还可配合直播间秒杀使用，目前【限时秒杀】功能仅限小店商品使用，其他第三方电商平台商品可通过商品添加或删除功能配合秒杀，例如，A商品在限定时间内参加秒杀，主播在活动开始前将A商品价格设置为秒杀价，活动开始时将A商品添加到直播间购物车，活动结束时立即下架即可。

图12-7 橱窗管理

直播分享：直播间商品添加技巧

进入主播中心

打开抖音，进入主页面后点击右下角的【我】，点击右上角的【≡】图标，找到【创作者服务中心】并点击进入页面，在【全部分类】中点击【主播中心】，如图12-8所示。

图12-8 主播中心

添加商品

进入【主播中心】主页后，点击右上角的【去开播】，在直播页面右侧找到带有购物车图标的【商品】选项，点击进入后即可看到【添加商品】的页面，如图12-9所示。

图12-9 添加商品

发布规范：分享商品的注意事项

商品信息发布规范

达人在分享商品的过程中，必须遵循《抖音商品分享社区规范》的要求。

1. 禁止分享的商品类目

需要注意的是，并非所有的商品都能够在抖音平台分享。为了维护平台秩序，抖音平台详细罗列了禁止分享的商品类目，详情可见《抖音平台禁止分享商品目录》。

2. 商品标题的相关规范

标题（此处标题包括商品标题、短视频标题）不能出现价格、规格/数量、促销信息，具体规则请查阅《抖音商品分享社区规范》第三章第一节、第四章第四节第1、5、6、9条。分享商品标题时可以参考以下示例，如表12-1所示。

表12-1 分享商品标题示例

商品标题	参考示例
错误示范	针织两件套，一套75元，买一送一；甜石榴3斤/5斤/8斤坏果包赔；视频同款2支精华
正确示范	商品标题谨记一个原则：以描述商品本身属性为目的，让用户看到标题就知道商品是什么，如卡通水杯、流苏牛仔外套等

3. 商品主图的规范要求

商品主图的规范要求主要包括以下几点，如表12-2所示。

表12-2 商品主图的规范要求

序号	规范要求
1	商品主图不能出现价格、促销信息、引流非抖音平台技术接入的第三方平台的水印,具体规则请查阅《抖音商品分享社区规范》第三章第二节、第四章第四节第5、6、9条
2	商品主图不能含有促销活动信息,如买3送3、限时包邮、领券满减、买即送单片眼霜5片等
3	主图不能被大面积文字覆盖,也不能带有其他平台的明显标识
4	商品主图需清晰展示商品,第一张主图必须为商品主体正面实物图,其余辅图展示商品细节。优惠信息、促销活动可以在商品详情页里展示

4. 短视频口播及字幕

在短视频口播及字幕中,不能使用有夸大嫌疑的价格类比,具体规则请查阅《抖音商品分享社区规范》第三章第三节、第四章第四节第9条。由于抖音用户所处地区不同,每个人对商品价格高低的定义都有差异,所以不能用A商品的价格以模糊的概念去类比B商品,以免出现夸大宣传的情况。

如何正确分享商品

抖音平台提倡大家分享好物,达人可以在短视频内详细展示商品的性能、使用方法和自己的真实体验,还可以介绍商品名称、产地等商品本身的属性,但不能用低价诱导购买、分享推荐"三无产品"。

同时,抖音平台也坚决杜绝一切虚假宣传和欺诈行为。一经发现,视违规轻重程度,抖音平台会对违规视频内容及账号进行处罚,具体处罚条例详情见《抖音商品分享社区规范》第六章。

结算规则:商品结算与打款规则

达人通过分享商品引流并赚取佣金,除需要清楚相关的权限申请、发布规范等问题外,还需要了解商品结算与打款的规则,具体包括抖音小店结算规则和第三方结算规则。

抖音小店结算规则

分享商品的达人需要了解的抖音小店结算规则如下。

(1)出账单日期:每月1日、16日出账单。

(2)仅结算完成状态的订单(订单确认收货超过7天或维权失败)。

(3)每月1日出上月16日到月底的账单,每月16日出本月1日到15日的账单,账单金额为在上述时间范围内达到完成状态订单的佣金收入。

(4)平台费用:平台扣除佣金的10%作为技术服务费。

第三方结算规则

目前,抖音已支持小店商品、第三方平台(淘宝、京东、考拉、唯品会、苏宁、网易严选、洋码头等)商品在抖音推广,可每个平台达人佣金的结算周期不一致。下面以淘宝、京东为例,简单阐述第三方的结算规则。

1. 淘宝结算规则

所有淘宝商品产生的佣金需要到淘宝联盟后台去查看或提现,竞选联盟平台不负责达人佣金结算,也不向达人收取费用。

2. 京东结算规则

京东结算规则如表12-3所示。

表12-3 京东结算规则

结算规则	具体内容
结算周期	隔月结算(即订单达到佣金结算条件的下下个月结算)
结算说明	每个月月初,时间预计是1~7日,如果赶上节假日,时间相应顺延。平台把上上个月的消费者系统确认收货且无售后纠纷的有效订单的佣金转入达人的可提现金额里。如订单发生售后纠纷,该订单佣金结算时间为售后纠纷解决之日起的下下个月
平台费用	京东将根据下单渠道、流量质量动态调整服务费率,向达人收取佣金(以当月实际扣除金额为准)。精选联盟平台会以京东扣除的京东佣金后的金额为基数,收取达人佣金的10%作为技术服务费

打款方式与时间

1. 打款方式

目前,抖音小店收入暂时只支持通过银行卡打款入账。达人需要确认开卡人姓名、身份证号、银行卡号(不支持信用卡)与开卡预留手机号,并与实名认证信息保持一致。一旦绑定成功,姓名和身份证号不可更换。

2. 打款时间

出账日后7个工作日内将本期佣金打入绑定的银行卡内;达人需至少提前于出账日(每月1日和16日)2个工作日以上完成银行账户绑定,否则将影响打款。

第 **13** 章

抖音小店：入驻流程与运营操作攻略

抖音小店：入驻条件与材料准备

抖音小店是抖音面向商家开发的一个电商服务平台，可以拓展变现渠道，提高流量价值。商家开通抖音小店之后，可以通过PC端后台创建商品、管理商品、查询订单、安排发货、提供售后服务、进行结算等。

目前，抖音小店正处在发展阶段，为入驻商家提供全方位支持，包括政策支持与流量扶持。由于抖音小店刚刚起步，各行业商家缺口较大，商家入驻之后不会面临激烈的竞争，而且可以享受平台扶持。因此，对于商家来说，越早入驻抖音小店越有优势。具体来看，商家入驻抖音小店的优势主要体现在以下几个方面。

1. 渠道同步展示，流量来源广

成功开通抖音小店之后，商家可以将自己的专属店铺页面展示到西瓜视频、火山小视频和抖音等平台的主页上，商品的具体展示曝光方式有很多种，比如通过短视频、微头条、直播、原创文章等进行曝光。

2. 无二次跳转，转化率更高

在抖音小店上线之前，用户在抖音平台购买商品需要点击产品链接，跳转到淘宝、京东等第三方电商平台。由于操作烦琐，极大地降低了用户的购买热情，导致跳单率极高，转化率极低。

2020年10月，抖音直播全面禁止第三方商品链接，规定商家只能通过抖音小店在直播间添加商品，一时间，大批想要通过抖音平台直播带货的商家开通抖音小店。由于抖音小店隶属于抖音平台，用户通过抖音小店购买商品无须跳转到第三方电商平台，极大地提高了转化率。

3. 构建流量闭环，获取更多收益

除了抖音平台外，在今日头条、西瓜视频、火山小视频展示抖音小店，可享受头条系流量共享，方便更多的用户获取内容和购买商品。每当用户购买商家推广的商品后，就会直接转化为其粉丝，基于这样的分享机制，商家可以构建一个完整的流量闭环系统，从而获得更大的成交量和更丰厚的收入。

抖音小店的入驻条件

1. 入驻条件

商家要想入驻抖音小店，首先需要满足以下条件，如表13-1所示。

表13-1 抖音小店的入驻条件

序号	入驻条件
1	入驻主体应为在中国大陆地区注册的个体工商户/企业
2	个体工商户/企业的经营范围及经营时间应在营业执照规定的经营范围及经营期限内
3	售卖商品需包含在招商类目范围内，且具备相关资质

（续表）

序号	入驻条件
4	商品必须符合法律及行业标准的质量要求
5	商家应如实提供相关资质和信息材料
6	平台有权根据平台类目管理、品牌需要及商家公司经营状况、服务水平等因素决定是否允许商家入驻
7	平台有权在商家申请入驻后及后续经营阶段要求商家提供其他经营资质
8	平台将结合国家相关法律规定、各行业发展动态、消费者购买需求及平台需要，不定期更新入驻标准

2. 店铺类型

目前平台上的店铺类型有4种：旗舰店、专卖店、专营店、普通店。其中，旗舰店、专卖店、专营店申请主体应为企业，普通店申请主体为企业或个体工商户。商家可根据主体情况，选择不同的店铺类型。关于商家店铺类型的定义、包括情形、命名形式等规定或要求，具体如表13-2所示。

表13-2 4种店铺类型的具体规定

店铺类型		具体规定
旗舰店	定义	（1）旗舰店，是指以自有品牌（商标为R标或TM标）或由商标权利人（商标为R标）提供独占授权的品牌，入驻平台开设的企业店铺； （2）根据品牌授权书类型，可申请"旗舰店"或"官方旗舰店"； （3）申请主体应为企业，个体工商户/个人不得申请
	包括以下情形	（1）经营一个或多个自有品牌的旗舰店； （2）经营一个或多个非自有品牌的旗舰店
	命名形式	品牌名+类目（非必填）+旗舰店/官方旗舰店
专卖店	定义	（1）专卖店是指以商标权利人提供普通授权的品牌入驻平台开设的企业店铺； （2）以"专卖店"命名的，入驻品牌应为已经注册的商标，或申请时间满6个月且无驳回复审的TM标； （3）申请主体应为企业，个体工商户/个人不得申请
	包括以下情形	经营一个或多个授权品牌且各品牌归同一实际控制人的专卖店
	命名形式	品牌名+企业商号+类目（非必填）+专卖店，如韩后水之恋专卖店
专营店	定义	（1）专营店以商标权利人提供普通授权的品牌入驻平台开设的企业店铺，经营两个及以上品牌； （2）以"专营店"命名的，入驻品牌应为已经注册的商标，或申请时间满6个月且无驳回复审的TM标； （3）申请主体应为企业，个体工商户不得申请
	包括以下情形	（1）经营两个及以上自有品牌的专营店； （2）经营两个及以上授权品牌的专营店； （3）既经营他人品牌又经营自有品牌的专营店
	命名形式	企业商号+（类目关键词）+专营店，不得以"××（品牌名）专营店"命名，如宝锐数码专营店； 若经营多个类目，则选择其中一个经营类目即可

（续表）

店铺类型		具体规定
普通店	定义	（1）申请主体为企业、个体工商户或个人（新个人商家入驻已暂停，已入驻商家可正常经营）； （2）可经营多个品牌
	命名形式	商家自行定义，但需遵守以下规则： （1）普通店铺的店铺名称不得使用"旗舰""专卖""专营""官方""直营""官字""官方认证""官方授权""特许经营""特约经销"或其他带有类似含义的内容； （2）如店铺名称出现品牌（企业商号包含品牌的情况除外），需提供品牌授权

商家主体入驻资质标准

商家主体入驻抖音小店需要符合以下资质标准，具体如表13-3所示。

表13-3 商家主体入驻资质标准

入驻主体	基础资质	资质说明
企业/个体工商户	营业执照	（1）需提供三证合一/二证合一的营业执照原件扫描件或加盖公司公章的营业执照复印件； （2）确保未在企业经营异常名录中且所售商品在营业执照经营范围内； （3）距离有效期截止时间应在3个月以上； （4）证件需保证清晰完整有效
企业/个体工商户	法定代表人/经营人身份证	（1）需提供身份证正反面照片； （2）需提供本人手持身份证照片（手持证件，上半身拍照，手臂完整露出）； （3）身份证须使用二代身份证； （4）证件需保证清晰完整有效； （5）企业须提供法定代表人身份证，个体工商户须提供经营者身份证； （6）境外法人可提供护照或中华人民共和国外国人永久居留身份证，如提供护照，需同时提交护照名称页翻译件，加盖翻译机构公章
企业/个体工商户	银行账户信息	（1）需提供银行账户名称、开户行和账号； （2）企业须提供开户主体与营业执照主体一致的对公账户； （3）个体工商户可选择对公账户或者经营者的对私账户。若选择对公账户，开户主体应与营业执照主体一致；若选择对私账户，开户主体应与营业执照经营者一致

入驻指南：申请流程与实战操作

登录抖音小店

可使用电脑浏览器登录抖音小店官方网站，通过手机号验证登录，如图13-1所示；也可以通过字节跳动旗下App（今日头条、抖音、火山小视频）进行手机登录。

图13-1 登录抖音官方网站

选择主体类型

根据企业主体类型选择【个体工商户】【企业】【跨境商家】，如图13-2所示。其中在选择【个体工商户】和【企业公司】时应注意不要选错。在可选的经营类目上，两者是一致的，具体选择哪个，需根据营业执照的类型来选择。若营业执照类型为个体工商户，则只能以【个体工商户】入驻，不可以【企业公司】入驻，一旦选错，提交后无法修改，店铺将无法经营。

图13-2 选择主体类型

149

填写主体信息

商家确定主体类型后,单击【立即入驻】或【入驻申请】,开始填写主体信息。商家根据抖音小店的要求提交相关资料,包括公司名称、统一社会信用代码、法定代表人姓名、法定代表人证件号码、法定代表人银行卡号、银行预留手机号等信息,如图13-3所示。

图13-3 填写主体信息

填写店铺信息

商家根据自身情况选择相应的店铺类型:旗舰店、专卖店、专营店、普通店。不同的店铺类型对商家的资质要求也有所不同,具体参考上一节的"商家主体入驻资质标准"。

商家确定店铺类型后,按照要求填写店铺的主营类目、店铺的名称,上传店铺Logo图,具体要求如表13-4所示。

表13-4 店铺信息的填写要求

店铺信息	填写要求
主营类目	商家需要根据实际经营类目填写,主营类目必须在其他信息里提交相关资质,此处的资质主体需要与入驻时保持一致,且经营范围包含所选的主营类目
店铺名称	店铺名称建议选择和抖音号相同的名称命名,方便粉丝识别传播。未经授权,不要在小店店铺名称命名中使用旗舰店、官方店、专卖店、专营店、直营店、授权店等字眼
店铺Logo图	按照要求上传一张1:1的店铺Logo图。图片最好带有明显的识别度,不得使用未经授权的品牌Logo,文字Logo必须与店铺名称相符,Logo中不得含有广告语、二维码、网址或任何联系方式,不得出现今日头条或第三方平台的Logo

资质审核

商家提交认证材料后,平台需要对资料信息进行审核,审核时长预计为1~3个工作日。审核通过或审核不通过都会有短信通知,商家也可以在后台随时查看审核状态。如审核驳回,需按照驳回里的要求进行修改后再次提交审核。

账户验证

审核通过后,商家可以直接进入【账户验证】页面。抖音小店支持两种验证方式,具体如表13-5所示。

表13-5 账户验证方式与填写要求

验证方式	填写要求
实名认证	填写经营者/法人个人名下的银行卡号,输入银行预留手机号和验证码
打款验证	填写企业对公银行卡号/开户银行/开户支行所在地/开户支行名称

缴纳保证金

入驻成功后,系统会提示商家缴纳保证金。商家单击【缴纳保证金】后,在【充值金额】中输入需要缴纳的保证金,单击【充值】,如图13-4所示,之后页面会跳转到支付宝页面,商家扫码付款完成充值。

需要注意的是,不同类目、不同开店主体(个体工商户或企业)缴纳的保证金金额不同。如同时销售多类目商品,平台按照类目最高金额收取保证金,具体可参考抖音电商学习中心《保证金标准(2021.08.26)》。

图13-4 缴纳保证金

设置支付方式

抖音小店申请开通后,商家需要设置支付方式,如图13-5所示。商家可以选择支付宝、微信支付、合众支付(用于银行卡、零钱支付)3种方式,根据要求提交相关资料,确认无误后单击提交,平台进行审核,审核时长为1~3个工作日。

图13-5 设置支付方式

精选联盟：商家入驻的优势与条件

抖音精选联盟是集提供商品、交易查看、佣金结算为一体的平台。符合资质的商家可以将商品添加到精选联盟，为商品设置佣金，供平台达人选择推广。有意向带货的达人可以从精选联盟中选择自己喜欢的商品，试用后制作短视频分享到平台，产生交易后按期获得分成。

精选联盟的商品库中有很多不同平台的商品，主要来自抖音小店、淘宝、京东、网易考拉等。所以，精选联盟也是一个商品"选品库"。简而言之，抖音小店只是精选联盟的一个组成部分。

商家入驻精选联盟的优势

1. 使短视频与商品更好地结合

如果商家拍摄短视频的目的就是带货，那么可以突出产品卖点，营造现实化的场景来增强用户的代入感，弱化短视频的广告属性，以免被平台限流，同时也避免引起用户反感，达不到预期的效果。

2. 提升短视频带货转化率

为了简化用户的购买步骤，商家可以将商品的购买链接添加到短视频中，让用户产生购买冲动之后可以直接点击购买，不用在观看短视频的过程中跳出，通过这种方式带给用户更好的观看体验，获得更好的转化效果。

3. 推广收益有把控

查看推广收益的操作流程如下：在【商品橱窗】主页点击【佣金统计】即可查看可提现金额、推广明细、推广数据等信息，如图13-6所示。

图13-6 查看推广收益

4. 平台赋能商家

为提高商家与达人的合作效率，平台推出了普通计划、定向计划、鹊桥计划、专属计划、招募计划等联盟营销工具供商家使用，如表13-6所示。

表13-6 精选联盟营销工具

工具	简介	设置佣金区别	达人可见范围	与达人合作方式	是否提供样品
普通计划	小店商品必须先设置普通计划，才可以进入精选联盟，才可以被所有达人带货，才能使用其他计划	不可以设置0%	所有达人可见商品和佣金率	商品添加到联盟里，需要达人自己看	需要达人自己付费申请
定向计划	为指定的达人设置特殊佣金	可以设置0%	所有达人可见商品，但定向佣金率仅指定达人可见	线下沟通，先达成合作，后设置	需要达人自己付费申请
鹊桥计划	撮合工具，商家可以通过设置鹊桥计划给达人发信息，如果达人同意便点击同意，则撮合成功	不可以设置0%	所有达人都可见商品，鹊桥计划的佣金率是仅收到消息的达人可见	给达人特殊的佣金率，线上找达人（只限于开启鹊桥计划的达人）	需要达人自己付费申请
专属计划	仅商家指定的达人可推广相关商品，别的达人不可推广	可以设置0%	所有达人可见商品，但仅指定达人可推广，指定达人有专属导航"专属推广"	线下沟通，先达成合作，后设置	需要达人自己付费申请
招募计划	平台发起的营销活动，选品页流量曝光，商家报名参与/平台可以指定商家参与	一般高于普通计划的佣金，与平台运营商议	所有达人可见商品和佣金率，入口在选品页资源位"限时推广"	平台主导，商家报名	免费提供样品（包邮）

商家入驻精选联盟的条件

过去，抖音精选联盟的入驻条件比较严苛，商家要接受平台的验仓要求，验仓合格才能申请加入，这一要求直接将很多中小商家拒之门外。抖音出台这一政策的目的在于保证商家资质及商品品质，防止假冒伪劣商品混入其中，但这一做法使入驻门槛过高，在一定程度上增加了商家的入驻成本。

2021年8月，抖音对精选联盟的平台管理规则进行了调整，降低了准入门槛，让更多商家有机会进入，获得更多成交机会。商家只要满足6个条件，就可以申请入驻精选联盟，具体如表13-7所示。

表13-7 商家入驻精选联盟的条件

序号	具体内容
1	商家已入驻电商平台且已在电商平台开设店铺
2	商家账户可正常登录使用且店铺营业状态为正常营业
3	商家店铺体验分高于（含）4分，新商家（入驻成功60天内的商家）无体验分时，暂不做考核
4	商家店铺不存在因"出售假冒/盗版商品""发布违禁商品/信息""虚假交易""不当获利""扰乱平台秩序"等严重违规行为而被处罚的记录
5	商家店铺账户实际控制人的其他电商平台账户无因特定严重违规行为而被处罚的记录，未发生过严重危及交易安全的情形
6	商家店铺需要根据不同店铺类型上传品牌资质，并保障品牌资质的真实性、合规性，链路的完整性

精选联盟更新规则后带来的影响

抖音对精选联盟平台管理规则的调整带来了一系列影响，这些影响可以从商家、达人、用户3个角度进行阐述。

对于商家来说，取消线下验仓不仅降低了入驻精选联盟的门槛，还降低了入驻成本，使得商家可以将更多精力、资源投放到商品上，推出更多更优质的商品。特别是对于中小商家来说，入驻门槛的降低让他们有机会进入精选联盟，与达人合作推广商品，享受抖音的流量红利，达成更多交易。

对于达人来说，随着进入精选联盟的商家越来越多，他们可选择的商品也就越来越多，有机会挑选到更适合自己、质量更优、性价比更高的商品，提高成交率，获得更多收益。

对于用户来说，他们更喜欢物美价廉的商品。随着越来越多的商家、商品进入精选联盟，他们的选择也变得越来越多，可以货比三家选出更优质的商品。

总而言之，抖音此次对精选联盟平台管理规则的调整，让生态链的各个环节都获取了一定的利益：给中小商家提供享受平台红利、攫取更多利润的机会，让达人、用户有更多机会选到心仪的商品、满足自身需求，同时也为平台的长久发展产生了积极的推动作用。

上架商品：商品创建流程与操作

创建商品

在创建店铺第一个商品之前，商家需要先创建商品规格模板、品牌模板、运费模板。后续可根据商品情况，选择继续使用已有模板或者新建其他模板。

1. 创建商品规格模板

在商家后台【商品】下的【规格管理】中创建商品规格模板。另外，也可以设置相应的品牌模板、运费模板，便于后期创建商品。

2. 创建商品

单击【创建商品】，填写商品相关信息创建商品，具体需要填写以下商品信息，如表13-8所示。

表13-8 商品信息

商品信息	填写要求
商品参数	（1）在"商品URL"中输入淘宝/天猫商品链接，没有可不用填写； （2）在运费模版下拉框选择包邮或设置运费； （3）商品选择相关类目在附件中，商家可查看； （4）商品参数模块设置完成后点击产品主图模块进行设置
商品主图	（1）商品主图要求至少有5张以上无水印、未经PS抠图处理的图片，主图背景建议不要选择纯色或渐变色，不然会影响推广效果； （2）商品标题需通俗易懂、简洁扼要，能够表现商品特点、性质，切记不可有极限词出现； （3）商品信息中不可包含只适用于淘宝等其他第三方商城的内容，商家发布前需要仔细检查
商品详情	（1）商家需根据需求自行填写商品详情及介绍说明等信息； （2）不可出现添加店铺微信、QQ、关注公众账号、微博等信息
订单套餐	（1）点击商品规格下拉框，选择之前设置的规格； （2）点击规格图片上传相应的图片； （3）库存、价格及商品编码相同时可批量设置，不相同时需手动设置； （4）若现有的规格不全面，可再次补充创建
商品资质	（1）根据要求上传相应的质检报告，每次创建新商品时均需要上传； （2）在"品类资质"中上传商标注册证，增加非自有品牌或商标使用授权书； （3）具体各品类需提交的资质需要查看资质说明

商品上线后，不得通过编辑使其成为另一款商品，如将衬衣修改成裤子；支付方式一旦创建提交，无法修改，只能新建；生成订单后，商家无法修改订单价格。

设置承诺发货时间

步骤01 在【创建商品】主页的【产品参数】下方找到【承诺发货时间】，如图13-7所示。

步骤02 系统默认的"承诺发货时间"值为"2"天，商家可下拉选择2天、3天、5天、7天、10天、15天。

发货时间以商家自主设置的"承诺发货时间"为准。如商家设置预售商品，则优先以商家设置的预售时间为准，"承诺发货时间"不适用于预售商品。"承诺发货时间"将在下单时展示给消费者，订单未在"承诺时间"内发货的，商家将被平台按照规定进行扣除保证金、封禁或清退等处理。

图13-7 设置"承诺发货时间"

订单管理：查看订单状态的步骤

商家进入抖音小店后台，单击【订单】下的【订单管理】即可查看订单状态，如图13-8所示。

图13-8 【订单管理】

在【订单管理】页面中，商家可查看以下订单信息。

（1）近6个月订单：近6个月内创建的全部订单。

（2）待确认：用户下单后（仅限货到付款订单），需商家核实确认的全部订单，商家确认后订单状态变为"备货中"。

（3）待支付：指用户选择"在线支付"的支付方式下单，但并没有完成支付动作的全部订单（如用户未在限定时间内未完成支付，订单将会被自动取消）。

（4）备货中：商家需要发货的全部订单。

（5）已发货：指商家已操作发货且上传了真实有效物流单号的全部订单。

（6）售后中：指用户申请退款或退货，处于售后中的全部订单。

（7）已完成：指用户确认收货或超时系统自动确认的订单，已经发货且用户在确认收货或系统自动确认收货后完成售后的订单。

（8）已关闭：指在线支付——发货前全额退款成功或未支付的订单，货到付款——在待确认和备货中被取消的以及被拒收的订单，已经发货且用户在未确认收货前完成售后的订单。

（9）24小时内需发货：指订单（含货到付款及在线支付）在承诺发货截止时间前24小时内仍然未点击发货或未上传真实有效物流单号的全部订单。

（10）超时未发货：指超出商家承诺的发货时间还未进行发货操作的全部订单。

（11）6个月前的订单：6个月前的全部订单。

发货管理：发货流程与实战操作

商家进入【订单管理】页面后，单击【备货中】，勾选要发货的订单可进行发货操作。商家可通过电子面单、手动发货、批量发货、ERP发货4种方式来发货。当订单号与物流单号匹配确认完成后，订单将进入【已发货】状态。

确认相关信息

1. 货到付款订单

货到付款订单需要商家先进行订单确认，操作流程：单击【待确认】，选择需要确认的订单，点击"确认订单"，订单将进入【备货中】；也可批量勾选需要确认的订单，单击"批量确认订单"，订单进入【备货中】。

2. 在线支付订单

商家可直接在【备货中】查看到需要发货的订单。

3. 修改收货地址

修改收货地址的操作方式如表13-9所示。

表13-9 修改收货地址的操作方式

修改收货地址	操作方式
商家修改地址	在与用户达成一致的前提下，对于货到付款订单，商家可在【待确认】和【备货中】修改用户收货地址；对于在线支付订单，商家可在【待支付】和【备货中】修改地址，无修改次数限制
用户修改地址	对于货到付款的订单，用户可在【待确认】和进入【备货中】6小时内修改地址；对于在线支付订单，用户可在【待支付】和进入【备货中】6小时内修改地址。用户仅可修改一次地址，且修改后运费需保持不变。如用户修改的地区运费高于原订单上的运费，则无法修改成功

4. 查找指定订单

单击【展开】可以通过更多筛选条件查找订单。目前支持订单编号、状态、商品ID等维度查找。搜索商品名称时，搜索文字会在查询结果中变为蓝色突出展示。商家还可以根据标签颜色查找订单，如图13-9所示。

图13-9 根据标签颜色搜索订单

5. 查看订单详情和快照

①订单详情：单击【查看订单详情】即可查看。

②订单快照：如果想要了解更多订单交易信息，单击订单内商品名称，可查看订单交易快照。

选择要发货的订单进行发货

进入【备货中】，选择需要发货的订单，单击【发货】，进入发货页面匹配对应物流单号，完成后订单将进入【已发货】状态；也可批量勾选需要发货的订单，单击【批量发货】，进入发货页面匹配对应物流单号，完成后订单进入【已发货】状态。

1. 电子面单发货

当商家已经拥有和物流服务商生成的月结账号时，可进入发货页面，通过添加对应物流服务商，免费开通电子面单发货服务，自动获取物流单号匹配对应订单，完成面单打印和发货。电子面单作为商家发货的免费提效工具，不但可以提升发货效率，还能减少虚假发货判罚。

2. 手动发货

当商家已经从物流公司获取过物流单号且订单量较小时，可进入发货页面，手动输入对应的物流单号，完成发货。

①单击【添加物流公司】，进入页面后即可单击需要添加的物流公司，最多可添加20个常用的物流公司。

②根据需求，选择对应的物流公司，填写快递单号，单击发货完成发货流程。

③当订单量大于2个且对应物流公司为同一物流公司时，可统一选择物流公司。

④点击【修改发货地址】，可调整发货地址。

3. 批量发货

当商家已经从物流公司获取过物流单号且订单量较大时，可在【订单】下的【批量发货】模块下载发货模版，通过上传文件进行批量发货操作。

服务管理：如何提升商家体验分

2021年6月，抖音官方发布最新《商家体验分说明》，对商家和达人提出了新的要求。商家体验分是反映店铺综合服务能力的重要指标，该指标覆盖了消费者购物体验的各环节，可为广大商家提供评估店铺综合能力的数据支持，有助于商家提升消费者对店铺服务的认可度，获得更多的平台支持。

商家体验分的构成与计算方法

体验分为5分制，最低为3分，由商家近90天内的【商品体验】、【物流体验】及【服务态度】3个评分维度加权计算得出，具体的计算方法如表13-10所示。

表13-10 商家体验分的计算方法

评分维度及权重	细分指标	计算方法	考核周期
商品体验（50%）	商品差评率	商品差评率=商品差评量/物流签收订单量	近90天物流签收数据
	品质退货率	品质退货率=店铺商品品质、物流问题退货退款（包含退货退款+仅退款）订单量/店铺支付订单量	前15~104天品质退货数据
物流体验（15%）	揽收及时率	揽收及时率=（订单揽收时间−订单支付时间）<X小时的订单量/揽收订单量	近90天揽收订单数据
	订单配送时长	订单配送时长=全部（订单签收时间−订单揽收时间）/签收订单量，其中预售订单、无效发货订单不计入计算	近90天签收订单数据
服务体验（35%）	投诉率	投诉率=店铺问题投诉量/店铺支付订单量	前15~104天投诉数据
	纠纷商责率	纠纷商责率=售后申请完结的订单中判定为商家责任的售后仲裁单数/总售后完结数	近90天售后完结订单数据
	IM3分钟平均回复率	IM3分钟平均回复率=3分钟内人工客服已回复会话量/用户向人工客服发送会话量	近90天人工客服会话量
	仅退款自主完结时长	仅退款自主完结时长=仅退款的每条售后单等待商家操作时间总和/对应售后单量	90天售后完结订单数据
	退货退款自主完结时长	退货退款自主完结时长=售后单里退货退款、换货的每条售后单中等待商家操作的时间总和/对应的售后量	近90天售后完结订单数据

新版商家体验分对商家和达人的影响

1. 商品体验分考核门槛提高

商品体验分考核商品差评率和品质退货率，并且中差评只参考首次评价数据。在这种考核模式下，商家只能做好品控管理，提高自己的选品能力，保证产品质量。

2. 物流体验分考核更可控

物流体验分不再考核物流好评率，转为考核揽件及时率，解决了因物流延迟、丢件等因素导致商家体验分偏低的问题，让物流体验分考核变得更可控。商家只要保证物流及时揽件，不出现揽件超时的情况即可。因为揽件超时不仅会扣违规积分，而且会影响体验分的权重。

3. 达人带货看星级

达人带货评分从数字变为星级展示，星星越多，评分越高。

抖音小店在新规下如何提升商家体验分

在新规的影响下，商家和达人要调整策略来应对各种变化，提高抖音小店的商家体验分，具体分析如下。

1. 商品体验分占比最大，加强品控管理

在商家体验分中，商品体验分占比较大，达到了50%。因此，商家和达人要想提高抖音小店的商家体验分，必须加强品控管理，从源头把控好商品质量，尽量在首次评论中获得更多的好评。

为了保证商品质量，商家和达人应尽量寻找源头厂家合作，全面地了解商品。在直播带货的过程中，商家和达人要真实地介绍商品，不做虚假宣传，以免用户收到商品后产生心理落差，给出差评。

商家和达人要从细节入手，提高购物体验，包括优化商品包装，防止出现错发、漏发、少发等问题。在价格方面，直播价格与商品的原价不能相差太大，以免用户因为价格波动过大给出差评。

2. 慎重选择带货品类，降低退换货概率

频繁的退换货也会对抖音小店商家体验分造成不良影响，因此商家和达人最好不要选择退换货概率高的商品，如服装、鞋帽、箱包等。同时，也要尽量规避医药、食品、化妆品等审核比较严格的品类。

3. 保持积极的服务态度，提升响应速度

在新规中，服务体验分在商家体验分中的占比达到35%。为了获得较高的服务体验分，商家和达人必须保持积极的服务态度，提高服务质量。在咨询环节，客服要及时回复用户信息，切实解决用户问题，为用户购买商品提供专业指导，满足用户多元化的需求。如果用户想取消订单，在与用户沟通之后，尽量让用户选择"多拍/错拍/不喜欢"这一选项，以免增加退换货可能性。

4. 做好物流环节的精细化管理

商家和达人要对物流环节进行精细化管理，尤其是发货、退货环节。在直播过程中，用户可能冲动下单，也可能冲动退货。当用户提出退货申请时，客服要询问退货原因，尝试以补偿的方式打消用户的退换货意愿。

商家和达人应联系快递公司及时揽件，以免揽件超时。商家可以选择极速发货，发货后填写物流单号，以减少退货可能性。商品发出后，客服要及时通知用户物流动态，以免用户因不清楚物流信息而产生焦虑。

第 **14** 章

抖音拼团：拼团流程与操作规则

抖音拼团：拼团介绍与拼团规则

自接入电商功能后，抖音发布了很多营销工具，"拼团"就是其中之一。商家设置拼团后，买家下单支付，然后点击分享，当商品销售数量达到要求就拼团成功了。拼团不仅可以让买家以更低的价格买到心仪的商品，而且可以引导买家将商品分享出去，扩大传播范围，吸引更多买家。总而言之，对于买卖双方来说，拼团是一项双赢的活动。商家在开展拼团活动时必须遵循平台规则。下面我们对抖音拼团的活动规则进行具体分析。

拼团介绍

下面我们首先对拼团的优势与适用范围进行简单介绍，如表14-1所示。

表14-1 拼团的优势与适用范围

拼团介绍	具体内容
拼团优势	买家可以低价买到商品； 买家点击分享，可以为直播间带来更多流量，提高转化率； 商家可以设置成团条件，如几人成团等，可以较好地控制成本
适用范围	使用方：拼团功能适用于所有的抖音小店商家 使用对象：抖音小店中的商品符合商品售卖规则都可以发起拼团，第三方电商平台的商品不可以拼团

下面我们来了解一下抖音拼团的流程：商家设置拼团商品，将拼团商品添加到直播间的购物车，保证商品库存大于拼团件数要求，然后在直播间上线拼团活动。有购买意愿的买家下单付款，商品最终销售数量没有达到拼团要求，就表示拼团失败，订单取消，系统自动退款；如果商品最终销售数量达到拼团要求，就表示拼团成功，商家安排发货。

拼团规则

1. 开团规则

商家设置拼团时间，在拼团时间内，若商品库存大于拼团件数要求，买家就能进入购物车或者商品详情页看到拼团活动并点击下单购买，支付成功就表示成功开团。

2. 拼团成功

拼团成功有以下两种情况。

- 在拼团时间内，商品售出数量达到成团要求，就表示拼团成功。
- 在拼团时间内，商品售出数量没有达到成团要求，但商家设置了自动成团，也表示拼团成功。

3. 拼团失败

拼团时间截止，商品售出数量没有达到成团要求，拼团自动宣告失败，系统会自动退款。

4. 退款规则

拼团成功之前，买家可以直接申请退款，系统会自动将钱款退还给买家。拼团成功后，买家想退款需提交退款申请，经由卖家审核通过后钱款会退还买家。拼团成功后，如果有买家申请退款可能会导致成团人数不足，达不到成团条件，但这种情况不会导致其他拼团成功的买家无法享受优惠价格。

5. 库存规则

商品参与拼团之后，拼团活动库存与商品库存是两个独立的系统，因为商家会为拼团活动单独设置一个库存。买家提交订单就会占用活动库存，下单付款成功后，活动库存会自动减少。如果买家下单后没有付款，被占用的活动库存就会释放出来。如果在拼团时间内，买家完成支付后申请退款，被释放的商品库存就会回到活动库存中；如果在拼团结束后，付款成功的买家申请退款，被释放的商品库存会回到普通库存中。

6. 拼团限制

抖音小店对商家参与拼团活动也有一定的限制，具体如表14-2所示。

表14-2 拼团限制

序号	拼团限制
1	参与拼团的商品不能再参与限时特卖、定时开售、预售等活动。同理，参与限时特卖、定时开售、预售等活动的商品不能再参与拼团活动
2	拼团活动可以与满减、优惠券等优惠活动叠加，如果后续商家或平台需上线更多优惠形式，可按照系统提示进行
3	对于精选联盟商家，达人通过智能手机、平板电脑等移动端选品，可以看见商品设置的拼团信息；达人通过电脑选品，就无法看到商品设置的拼团信息
4	买家购买拼团商品时，无法将商品添加到购物车，只能单独购买

拼团流程：创建拼团活动的步骤

商家登录抖店，依次单击【营销中心】-【营销工具】-【拼团】-【立即创建】按钮，如图14-1所示。

图14-1 创建拼团活动

设置基础规则

抖音拼团的基础规则设置要求如表14-3所示。

表14-3 抖音拼团的基础规则设置要求

基础规则	设置要求
活动名称	商家输入的活动名称不能少于1个中文字符,不能多于5个中文字符
活动时间	商家要设置拼团的开始时间与结束时间,总时长不能超过24小时。如果商家中途修改活动时间,可能导致已经选定的活动商品无法参与拼团活动
成团数量	成团数量是拼团成功的条件,即商品销售数量达到这个字数代表拼团成功,否则代表拼团失败。成团数量不能小于0,不能大于10000
自动成团	商家开启自动成团功能,即便商品销售数量没有达到成团条件,也会认定拼团成功。当商家设置的成团数量≤50时,系统会自动开启自动成团功能,商家如果不想开启自动成团,可以点击取消;当商家设置的成团数量>50时,系统会自动开启自动成团,并且商家无法取消
订单取消时间	买家提交订单之后未付款,订单会自动取消,中间这个时间就是订单取消时间,一般设置为5分钟

选择商品

商家单击【添加商品】按钮,选择参与拼团的商品,如图14-2所示。然后单击【添加SKU】按钮,根据SKU维度选择参与拼团的商品,如图14-3所示。

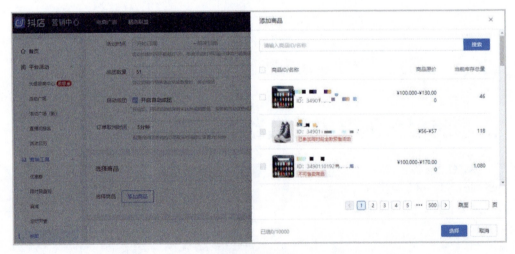

图14-2 添加商品

图14-3 添加商品SKU

设置SKU活动信息

（1）拼团价：即商品参与拼团的销售价格，应低于正常销售价格。

（2）活动库存：即商品参与拼团的库存。如果活动库存低于成团数量，商品就不会显示拼团信息。需要注意的是，买家下单后会占用商品的活动库存，如果买家没能在订单取消前完成支付，被占用的商品库存就会回到活动库存。

（3）每人限购件数：商家可以从1～20选择一个数字作为每人限购件数，也可以设置不限购。

如果参与拼团的商品的拼团价、活动库存、每人限购件数相同，商家可以选择【批量填充】，输入相应信息，完成所有商品活动信息的设置，如图14-4所示。信息填写完成后，商家点击【提交】按钮，就可以创建拼团活动。

图14-4 批量填充拼团活动信息

后台管理：拼团运营的实操技巧

查看拼团活动信息

如果拼团活动已经结束，商家可以进入【营销中心】，找到【营销工具】，单击【拼团】，找到拼团活动，单击右侧操作栏中的【查看】，查看拼团活动信息，如图14-5所示。

图14-5 查看拼团活动信息

编辑拼团活动信息

如果拼团活动显示"进行中"或者"未开始"，商家可以依次单击【营销中心】【营销工具】【拼团】，找到相应的活动，单击右侧操作栏中的【编辑】，对活动信息进行修改，如图14-6所示。

图14-6 编辑拼团活动信息

如果商家想要调整活动商品，可以选择添加商品，在右侧弹框中选择新的商品。如果想让某商品退出拼团活动，直接单击【删除】即可，如图14-7所示。

图14-7 删除拼团活动信息

如果拼团活动显示"进行中"，商家无法修改基础规则以及商品的拼团活动信息，但可以增加商品和SKU。如果商家选择正在参与拼团活动的商品单击【删除】，会导致该商品退出拼团活动，销售出去的商品将自动成团。

中止拼团活动

如果拼团活动显示"进行中"或者"未开始"，商家可以依次单击【营销中心】【营销工具】【拼团】，找到想要中止的拼团活动，在右侧操作栏中单击【设为失效】，如图14-8所示。操作成功后，商家可以单击【复制】，将该商品的活动信息复制下来重新发布，或者单击【删除】，将活动信息彻底删除。

图14-8 中止拼团活动

常见问题：抖音拼团的注意事项

创建拼团活动的限制规则和优惠叠加规则

抖音小店对商家创建拼团活动的限制规则以及优惠叠加规则如表14-4所示。

表14-4 创建拼团活动的限制规则和优惠叠加规则

优惠类型		限制规则	优惠叠加规则
单品促销	限时特卖	同一时间只能创建一个单品类促销	总体规则：单品促销、总价促销、优惠券可以叠加。 单品促销：只能享受一个单品促销。 总价促销：只能享受一个总价促销。 优惠券：店铺券和平台券可以叠加。 店铺券最多使用一张。 平台券最多使用一张
	定时开售		
	预售		
	拼团		
总价促销	满减	同一时间只能创建一个总价类促销	
优惠券	店铺券	无限制	
	平台券		

部分商品无法创建拼团活动的原因

如果一些商品无法创建拼团活动，商家需要根据自身情况查找原因。

（1）在拼团活动开始时，商品正在参与或者即将参与限时特卖。

（2）商品正在参与预售。

（3）在拼团活动时间内，商品设置了定时开售。

（4）在拼团活动时间内，商品还参与了其他拼团活动。

（5）在拼团活动时间内，商品提报了平台活动。

（6）商品设置了货到付款。

（7）商品不可售卖。

第 **15** 章

抖音团购：团购活动攻略

抖音团购功能的优势与影响

2020年3月，抖音正式推出团购功能，这项功能具有三大特点，分别是无门槛、免佣金、无成本推广，其主要目的在于为线下门店赋能，尤其是餐饮业、酒店业、旅游业等行业的蓝V认证商家，支持的团购类型包括"物流配送"和"到店核销"两种。抖音团购功能如图15-1所示。

根据抖音对团购功能的设计，抖音团购可以帮助商家完成从视频、直播到购买的闭环，将账号粉丝、浏览用户转化为实际购买者，提高流量的转化率，完成流量变现。另外，为了扶持平台商家，抖音推出了3亿流量扶持计划，其中有一个专门面向中小商家的"线上不打烊"活动，抖音团购就是该活动的一个重要组成部分。

图15-1 抖音团购功能

抖音团购功能的优势

对于商家来说，抖音团购功能的开通流程比较简单，操作十分便捷。那么，相较于大众点评等传统团购网站，抖音团购具备哪些优势呢？具体如表15-1所示。

表15-1 抖音团购的优势

优势	具体内容
无门槛开通	抖音团购功能免费向蓝V账号开放。只要商家通过蓝V认证，按照要求提交资料，包括营业执照、认证申请公函等，就可以免费开通团购功能，无须支付任何费用
免佣金	商家通过团购达成交易，获得的收益全部归自己所有，不需要向平台支付任何佣金
零成本引流	商家在大众点评等平台进行推广需要支付高昂的推广费，借助抖音团购功能进行推广无须支付任何费用。只要商家可以制作出有创意、吸引人的短视频，就可以利用平台的算法推荐机制及同城功能将视频推送给附近的用户。如果用户对短视频介绍的产品或服务产生兴趣，就会前往线下门店体验消费，实现零成本从线上到线下引流

综上所述，相较于大众点评等传统的团购网站来说，商家开通抖音团购功能可以享受更多政策福利。通过这些福利，线下门店，尤其是餐饮、酒店等行业的线下门店将获得更多发展机会。

抖音团购功能对餐饮行业的影响

在所有行业的门店中，线下餐饮门店是抖音团购功能最大的受益者，尤其是那些想要利用抖音短视频吸引更多客流的线下餐饮门店。这些门店围绕某款菜品制作短视频，将其发布到抖音平台，适当地投放DOU+，其短视频就可以被更多用户看到，吸引用户前往门店体验消费，构建从种草到消费的闭环。同时，门店还可以利用团购功能进行自我宣传，提高门店的知名度与影响力，培养更多潜在顾客。

虽然抖音的团购功能为餐饮行业带来了很多机遇，但也给他们带来了很多挑战，具体分析如下。

（1）团购功能能够发挥的作用与短视频本身的质量有关，如果短视频质量不佳，就得不到更多推荐，自然不会产生太多团购订单。所以，餐饮企业要想利用抖音的团购功能吸粉引流，必须保证短视频的质量。

（2）如果餐饮企业发布的团购短视频成为爆款，导致订单激增，餐饮企业必须有效处理这些订单，保证菜品质量，将菜品按时送到顾客手中，否则很有可能招致差评，得不偿失。

所以，餐饮企业利用团购功能进行推广，不仅要提高短视频的质量，还要提高订单处理能力和菜品供应能力。如果餐饮企业的承接能力不足，就要提前限制团购数量，通过这种方式保证菜品质量，提高顾客的满意度。

抖音团购功能的开通条件与步骤

抖音商家创建团购活动，可以直接在抖音平台与用户开展交易活动。商家在发布短视频时添加团购活动，可以让用户在浏览短视频的过程中完成购买，提高流量转化效率。

从用户的角度看，用户在浏览短视频的过程中看到带有团购链接的短视频，产生购买意愿之后可以直接点击购买，完成购买后可以在订单详情查看券码，到店核销提货。当然，抖音团购也支持物流配送，可以直接将商品配送到用户指定地点。

如果用户领取券码到店核销，商家只需进入抖音后台，在团购活动中点击【团购扫码核销】即可；如果用户要求物流配送，商家可以选择快递物流、跑腿配送或者自行配送，将商品配送到用户指定地点。

抖音团购功能的开通条件

商家想要开通抖音团购，必须满足以下两个条件。

（1）商家的抖音号必须是抖音平台的企业号，包括认证企业号和试用企业号。

（2）商家必须开通企业支付宝账号，支付宝账号的认证主体与抖音企业号的认证主体必须保持一致。商家通过抖音团购完成的交易，抖音平台不抽取佣金，但在结算时支付宝会收取0.6%的手续费。

如果是个体工商户，可以使用个人支付宝账号，但必须经过实名认证，而且支付宝账号的认证主体必须与抖音企业号的认证主体保持一致，否则无法开通团购功能。

抖音团购功能的开通步骤

申请开通抖音团购功能，首先抖音号要申请开通成为企业号，而不是普通的个人号，只有企业号的后台才有团购活动窗口。企业号开通团购功能的具体步骤如下。

- 使用通过蓝V认证的企业号登录抖音。
- 依次点击【我】【≡】【企业服务中心】进入后台。
- 点击【团购活动】【团购活动管理】【我是支付宝企业用户，申请开通】，开通团购功能。

用户参与抖音团购活动的流程

对于用户来说，如何参与抖音团购活动呢？具体流程如下所示。

- 企业号发起团购之后，短视频页面的账号名称上方、评论区上方会出现团购入口，用户点击入口就可以查看团购详情，然后使用支付宝完成支付。
- 支付完成后，会出现用于核销的二维码、条形码及券码。
- 在团购过程中，如果用户想向商家咨询活动信息，可以直接拨打商家电话。
- 下单购买后，用户可以依次点击【我】【≡】【更多功能】【订单】查看团购订单，进行核销。如果想退款，可以直接点击【退款】，商家同意后钱款会在1~3个工作日返还。
- 对于需要到店核销的订单，用户要前往线下门店进行核销提货；对于物流配送的订单，用户等待收货即可。

抖音直播间如何添加团购活动

直播前

商家登录抖音企业管理平台。

登录之后，商家依次点击【组件管理】【新建组件】【组件名称】，自行命名；然后点击【链接地址】，输入在抖音App【团购活动管理】中创建的团购链接，点击【下一步】。

选择组件类型，按要求上传图片以及文案，审核无误后点击【提交】，通过审核后就可以生成直播间组件。如果没有通过审核，商家要有针对性地进行修改，然后再次提交审核。只有通过审核，组件才能在直播间展示出来。

需要注意的是，平台对直播间配置的组件数量没有限制，商家可以多配置几个组件，以便在直播时自由选择。

直播中

在直播过程中，如果商家使用的是电脑，可以直接登录【抖音企业管理平台】，点击【直播管理】，然后选择【添加组件样式】，将已经配置好的组件添加到直播间。如果商家使用的是手机，开播后点击右下角的【...】标志，点击【转化组件】。【选择转化组件】，选择想要展示的组件，然后点击【确定】。

在直播过程中，商家点击【讲解】就可以将团购组件上架。上架之后该位置的标志就会显示为【取消讲解】。点击【取消讲解】可以将团购组件下架。

直播后

直播结束后，商家可以登录抖音，点击【团购活动】，选择【团购交易管理】，查看交易数据，对团购活动进行复盘。

第5篇 投放技巧篇

第 **16** 章

巨量引擎：信息流广告投放运营攻略

运营流程：账号搭建的实操要点

在抖音开展营销推广离不开一个工具，即巨量引擎广告投放平台，它是字节跳动公司整合今日头条、抖音、火山小视频、西瓜视频、穿山甲等产品的营销能力，推出的一个营销服务工具，可以帮助商家自助投放广告，达到营销推广的目的。

那么，商家如何搭建巨量引擎账号呢？

一般来讲，一个巨量引擎账号主要包含三大基本元素，分别是广告组、广告计划、广告创意，如图16-1所示。广告主可以使用多种创意来设计一条广告，而且可以自主选择投放的广告位数量。

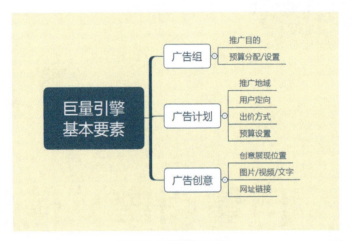

图16-1 巨量引擎基本要素

新建广告组

步骤01 点击【广告组】下方的【新建组】，进入创建页面，如图16-2所示。在【新建组】主页中选择相应的营销链路，根据自身实际情况设置合适的推广目的，如图16-3所示。营销链路的作用在于可以更好地归类和定义广告主的营销活动，便于后续进行营销活动的整体分析和沉淀。

图16-2 新建广告组

第16章 巨量引擎：信息流广告投放运营攻略

图16-3 广告主营销链路

具体而言，营销链路划分为"品牌认知""用户意向""行动转化"3个层级，它们的营销重点、推广目的与优化目标如表16-1所示。

表16-1 营销链路的3个层级

营销链路	营销重点	推广目的	优化目标
品牌认知	重点优化广告主的产品曝光	应用推广	展示量、点击量
		销售线索收集	展示量、点击量
		快应用	展示量、点击量
		抖音号	展示量
用户意向	重点优化用户与企业产品的互动行为	应用推广	下载完成、安装完成
		销售线索收集	按钮跳转、预约下载
		抖音号	视频点赞、视频评论
行动转化	重点优化用户对企业产品的转化行为	应用推广	激活、注册、付费、关键行为、次留、下单、加购、授权、App内访问、App内付费、App内详情页、到站UV
		销售线索收集	多转化、表单提交、智能电话、有效咨询、微信、卡券领取、有效沟通、有效获客
		快应用	激活、注册、付费、关键行为、次留、首次发单、下单、加购、授权、App内访问、App内付费、App内详情页、到站UV
		商品	展示量、点击量、下载完成、安装完成、点击按钮、吊起店铺、店铺停留、店铺收藏、商品购买
		直播间	直播间观看、直播间停留、直播间内打赏、直播间评论、粉丝增长、组件点击、粉丝入群、付费、有效获客、有效咨询、表单提交、保险支付、激活
		抖音号	账号关注、私信消息、私信点击、互动、私信咨询、商品购物车点击、账号关注、互动

步骤02 选择广告组类型，设置基本信息，如图16-4所示。

图16-4 广告组类型与基本信息

新建广告计划

1. 选择优化目标

广告主自主选择优化目标，优化目标选定后，系统会向最有可能做出该目标行为的用户推送广告。选定投放目标之后就是填写下载链接，如图16-5所示，然后选择转化跟踪方式。

图16-5 选择优化目标

2. 设置投放位置

智能广告系统将根据广告主设置的定向，选择预估效果最好的广告位进行投放，并触达尽可能多的目标用户，如图16-6所示。

图16-6 设置投放位置

广告位置包括【系统优选广告位】和【首选媒体】两个选项。如果广告主需要添加投放广告词，只需在【搜索快投关键词】点击启用，然后编辑关键词即可。

- 系统优选广告位：系统可以根据广告主设置的定向选择转化效果最好的广告位进行投放，尽可能扩大触及的目标用户的范围，并结合目标用户的历史转化行为以及各个分广告位的数据表现，对广告预算进行智能分配。

- 首选媒体：广告主可以选择所有可以选择的广告位，以保证覆盖的目标用户数量。

3. 设置定向包

广告主可以将常用的定向设置以模板的形式保存下来形成定向包，以便在创建广告计划时重复使用。广告主可以新建定向包，也可以使用过去创建的定向包。

新建定向包的流程：点击【保存为定向包】，输入名称，填写定向包描述，点击【保存并使用】，即可绑定定向包。广告主下次创建广告计划时还可以选择使用该定向包，如图16-7所示。

4. 设置预算和出价

广告主可以设置投放场景、竞价策略、预算、投放时间、投放时段、付费方式等内容，如图16-8所示。

图16-7 设置定向包

图16-8 设置预算与出价

5. 第三方监测链接

为了防止平台数据造假，广告主可以寻找第三方作为中间人对数据进行监测，如图16-9所示。

目前，第三方监测主要有两种，一种是SDK（Software Development Kit，软件开发工具包）监测，另一种是API（Application Program Interface，应用程序接口）监测。SDK监测要求媒体方在App内嵌入监测平台SDK，将广告曝光、广告点击行为以及监测平台认可的参数实时上传，以便监测平台可以准确地独立曝光报表计算与排查数据差异。API监测指的是媒体方以API方式将监测平台认可的参数传递给监测平台，以便监测平台可以准确地独立曝光报表计算与排查数据差异。

图16-9 第三方监测链接

新建广告创意

1. 制作创意

添加创意：广告主可以根据自己的创意方式自主添加创意内容，并在右侧预览，如图16-10所示。

附加创意组件：广告主可以在原有创意的下方添加一些推广信息，如智能拨打、表单收集等，这种附加创意可有效地弥补传统推广样式的不足，如图16-11所示。

图16-10 添加创意

图16-11 附加创意组件

2. 创意分类

广告主根据实际需要进行创意分类，添加创意标签。创意标签最多可添加20个，每个不能超过10个中文字符，如图16-12所示。

图16-12 创意分类

创意管理：素材创建与优化分析

在"内容为王"的时代，广告内容会在很大程度上影响广告效果，而在广告测试中，素材与创意是关键变量。为了解决素材与创意的问题，巨量引擎广告投放平台提供了三大功能，分别是素材创建、素材管理、素材分析，如图16-13所示。

图16-13 巨量引擎广告投放平台的三大功能

素材创建：搭配高效素材制作工具

在传统的广告投放模式下，广告投放一般要经过5个步骤：创建广告→设置广告投放信息→上传素材内容→设置素材内容→确定无误后投放。在这个过程中，素材制作与广告投放是独立进行的，在广告投放之前需要准备很多素材。如果在投放过程中发现素材需要调整，需要将素材修改后再上传。

为了解决素材制作与广告投放分离的问题，巨量引擎广告投放平台推出了【创意工作台】，其中包含制作微电影、制作模板视频、批量制图、快速编辑等工具，支持在广告投放的过程中制作素材，大幅缩短了素材制作耗时，提高了素材制作与修改的效率，而且解决了素材内容与类型受限的问题，如图16-14所示。

图16-14 创意工作台

素材管理：让你对自己账户的素材了如指掌

随着账号积累的素材内容与类型越来越多，如何对这些素材进行管理就成了关键问题。为了解决这一问题，巨量引擎广告投放平台全面升级【基础创意】功能，为广告主管理素材提供了极大的方便。广告主可以通过【素材概览】功能了解账户内的素材和数据情况，包括昨日素材消耗数、素材总数、在投素材数、今日上新素材数等数据，从而对自己的素材库了如指掌，如图16-15所示。

图16-15 【素材概览】

当然，广告主在管理自己的素材的同时还要了解他人的素材，取彼之长，补己之短。激发更多灵感与创意更加重要。为了满足广告主的这一需求，巨量引擎广告投放平台推出了【创意灵感】这一功能，支持广告主查看行业内优秀的素材与内容，如图16-16所示。

图16-16 创意灵感

此外，【视频库】功能也非常重要，如图16-17所示。在【视频库】板块中，广告主不仅可以查看视频的基本信息，还可以查看相关的数据趋势与分析，如视频的生命周期、点击行为最多的时间点等，帮助广告主加深对视频的了解，探索目标用户喜好，制作出更符合目标用户偏好的广告视频。

图16-17 视频库

素材分析：提供更多优化思路，解决两大分析难题

除创建与管理广告素材外，对广告视频的内容进行数据分析也非常重要。为了给视频数据分析提供方便，巨量引擎广告投放平台推出了【数据洞察】功能，该功能不仅可以帮广告主分析单支视频，还可以帮助广告主对账户内视频的整体质量进行分析，如图16-18所示。

第16章 巨量引擎：信息流广告投放运营攻略

图16-18 数据洞察

广告主对账户内视频的整体质量进行分析之所以存在困难，主要是因为无法对账户内的视频质量做出科学界定。因为影响"消耗"指标的因素比较多，所以无法只通过"消耗"指标来判断视频质量，而只通过"转化"来判断视频质量又比较片面。巨量引擎广告投放平台推出的【数据洞察】，可以通过多个指标对账户内视频的整体质量做出科学判断，而且可以对视频进行可视化分析。

投放攻略：实现广告效果最大化

随着流量红利逐渐消失，广告主的获客难度越来越大，获客成本越来越高。为了吸引更多新流量，沉淀更多客户，一些广告主将目光转向了效果广告。顾名思义，效果广告就是以效果为投放基础的广告，巨量引擎就是其中的一种。凭借出色的营销效果，巨量引擎受到了越来越多广告主的青睐。下面，我们先对巨量引擎的优势进行分析，具体表现在以下4个方面。

（1）凭借海量数据资源，巨量引擎可以对用户进行深度洞察，提高转化效果。
（2）巨量引擎广告投放可以实现人机协同，操作简单。
（3）巨量引擎是一个开放平台，可以吸引很多生态伙伴，通过紧密合作实现共赢。
（4）巨量引擎可以根据各个行业的特性，为广告主定制广告方案，优化传播营销效果。
巨量引擎是一个优秀的广告营销工具，具有以下5个方面的作用，如图16-19所示。

图16-19 巨量引擎广告营销策略

确定营销目标，满足差异化营销诉求

巨量引擎总结了八大营销目标，分别是销售线索收集、应用推广、门店推广、抖音号推广、头条文章推广、产品目录推广、电商店铺推广、商品推广。广告主可以根据自己的诉求选择不同的营销目标，实现线上转化、线下转化、商品转化、互动转化等。

整合平台流量，实现精细化覆盖

巨量引擎投放平台可以自动整合流量，为广告主提供最佳投放位置建议，而且可以实现智能、灵活投放，制作出与广告素材、目标用户匹配程度较高的广告位。

高效内容生产，构建高效内容生产闭环

巨量引擎为了帮助广告主生产更多优质内容，形成内容生产闭环，推出了很多创意工具，包括创意中心、即合平台、星图平台、程序化创意等。例如，广告主可以使用图灵、即视在线图片&视频生成工具，一键制作广告素材；利用易拍降低视频制作难度与成本，提高视频制作效率；利用即合平台实现视频内容的批量生产，提高视频广告的价值；利用星图平台提高内容交易服务的效率，保证交易的便捷性与安全性；通过程序化创意提高创意制作效率与创意内容质量，促使广告价值实现最大化。

优化广告投放，满足不同目标用户的需求

巨量引擎可以对各种投放方式进行自由组合，实现精准投放，满足不同目标用户的需求；可以利用智能优化工具解决定位投放过程中遇到的各种问题，优化投放方案，保证投放效果；可以利用智能投放实验室进行自动投放，降低投放难度。

实现转化闭环，支持广告主多样性转化目标

为了保证广告投放效果，巨量引擎推出了很多预估模型，涵盖了点击率、转化率等广告主关心的指标，通过深度数据对接可以切实提高目标转化质量与效率。例如，广告主通过下载App，可以获得极致的下载全路径体验，获取更多有望成交的客户；利用鲁班专属营销工具进行商品推广，可以构建商品转化闭环，提高商品转化效率。

电商店铺推广操作攻略

【电商店铺推广】是巨量引擎专门为电商类广告主开发的一种广告投放工具，可以提高商品的展示量，视频的点击率以及广告的转化率，其优势主要表现在两个方面，一是转化率高，二是成本低。

电商店铺推广操作说明

1. 营销链路选择

广告主新建广告组之后，在营销链路中选择【行动转化】，然后点击【电商店铺推广】，如图16-20所示。

图16-20 电商店铺推广

2. 投放目标选择

在选择投放目标这一环节，广告主有两个选择，一是选择【转化量】，二是选择【点击量】，前者对应的是CPM计费方式，后者对应的是CPC计费方式，如图16-21所示。

图16-21 选择"投放目标"

3. 网页链接填写

如果广告主选择的投放目标为【转化量】，网页链接要按照以下方式填写，如图16-22所示。

- 落地页链接：淘宝链接或建站链接。
- 转化目标：调起店铺或点击按钮。
- 直达链接生成方式：自动生成或手动填写。
- 直达链接地址：填写Deep link链接，保证可跳转。

图16-22 网页链接填写

如果投放目标选择【转化量】，并且输入淘宝链接，选择转化目标时只能选择【调起店铺】。一般情况下，系统会根据淘宝链接生成直达链接地址，如果没有自动生成，就要手动填写。跳转方式有以下两种。

- 点击头像、查看详情或电商卡片后，通过直达链接自动跳转。
- 右滑跳转到淘宝H5页面。

如果投放目标选择的是【转化量】，并且输入建站链接，转化目标就有两种选择：一种是【调起店铺】，另一种是【点击按钮】。如果选择【调起店铺】，需要手动填写直达链接地址。跳转方式有以下两种。

- 点击头像、查看详情或电商卡片后，通过直达链接自动跳转。
- 右滑跳转至建站链接。

如果投放目标选择了【转化量】，并且输入建站链接，转化目标就有两种选择：一种是【调起店铺】，另一种是【点击按钮】。如果选择【点击按钮】，无须填写其他的信息。

如果投放目标选择了【点击量】，并且输入淘宝链接，一般来说，系统会根据淘宝链接自动生成直达链接地址，如果没有自动生成就需要手动填写。

电商组件选择

电商店铺推广为广告主提供了两种组件，一种是日常组件，另一种是活动组件。

1. 填写日常组件资料

广告主如果使用日常组件，需要填写以下资料，如表16-2所示。

表16-2 填写日常组件资料

日常组件	资料填写要求
投放时间	与计划时间相同，不可修改
商品图	图片小于1MB
标题	标题+内容文案
按钮文案	立即下单或立即购买
落地页链接	与"网页链接"板块中填写的链接地址相同，不可修改

2. 填写活动组件资料

广告主如果使用活动组件，需要填写以下资料，如表16-3所示。

表16-3 填写活动组件资料

活动组建	资料填写要求
投放时间	投放时间可以自定义，如果与日常组件的投放时间重叠，则优先投放活动组件
商品图	图片小于1MB
标题	标题+内容文案
按钮文案	立即下单或立即购买
落地页链接	默认与"网页链接"模块中填写的链接地址相同，可以修改

第 17 章

巨量千川：抖音电商一体化营销方案

巨量千川：全方位赋能电商商家

在2021年4月召开的抖音电商生态大会上，抖音正式发布了一个电商广告平台——巨量千川，该平台的主要功能就是为商家和创作者提供抖音电商一体化营销解决方案。

打造电商一体化智能营销平台

巨量千川经过多次测试与调整，具备了三大优势：一是整合多端投放能力，二是融合电商经营场景，三是覆盖全经营角色，具体分析如下。

1. 投放能力方面

巨量千川对DOU+、巨量鲁班、AD平台等进行整合，打通抖音号、抖音小店和巨量千川账号，商家可以用一个账号登录这3个平台。同时，巨量千川还对全链路投放能力进行整合，使商家可以利用广告吸引自然流量，为全链路洞察、诊断、度量、自动化投放的实现提供了无限可能。

2. 经营场景方面

巨量千川对短视频与直播流量进行整合，提高品牌在直播带货、短视频带货等场景中的曝光度，同时通过数据驱动、场景协同、经营提效等方式，帮助商家提高经营效益，获得长效发展。

3. 经营角色方面

巨量千川支持抖音小店商家、MCN机构、达人、代理商和服务商开通账号。经过几轮测试和发展，相较于AD平台，商家在巨量千川投放广告的宣传效果更好，转化率更高。

号店一体：新场景下的电商营销

巨量千川推出了一种新的营销方式——号店一体，极大地提升了营销推广效果，帮助商家扩大了销售规模，还可以积累沉淀很多数据，吸引自然流量，提高成交率与转化率。具体来看，巨量千川主要从以下3个方面赋能营销，如图17-1所示。

图17-1 巨量千川赋能营销

1. 内容制作

在内容制作方面，巨量千川主要从3个方面为营销赋能。首先是洞察层面，巨量千川既会从市场、行业角度为商家提供宏观层面的分析，也会从商家个体的角度为其提供微观层面的分析。其次是生产层面，巨量千川可以为商家提供两种素材支持模式，一种是自产，另一种是他产。如果商家选择自产，可以利用平台提供的素材与工具制作创意短视频；如果选择他产，可以与优质的短视频达人或服务商合作，将短视频制作任务外包出去。最后是展示层面，巨量千川可以根据用户类型有针对性地选择素材与带货体裁，刺激用户下单购买。

2. 投放优化

巨量千川面向短视频带货与直播带货推出了涵盖互动、添加粉丝、成交等环节的全链路精准优化方案。对于难以扩大销量的商品，巨量千川会为其提供双目标优化；对于精力有限或者能力不足的商家，巨量千川会为其提供自动化托管投放模式。

3. 店铺经营

在巨量千川平台的作用下，广告可以与自然流量实现深度协同，引导用户做出交易行为，推动成交总额大幅增长。

为了更好地赋能营销，巨量千川还从洞察、诊断、度量3个维度定制了一些数字营销工具。其中，洞察层面的数字营销工具可以帮助商家更好地选品、搭配商品、沉淀粉丝；诊断层面的数字营销工具可以帮助商家实时关注销售情况，从不同方向为商家提供建议；度量层面的数字营销工具可以帮助商家对即时成交转化、长期经营收益以及用户资产价值等指标进行评估。最重要的是，借助巨量千川的全面价值评估体系，商家可以对营销结果进行全面复盘，进而做出科学的投资决策。

赋能直播：精准定向，高效引流

在运营层面，巨量千川从电商运营的角度切入，为商家搭建"雪球增长模型"，面向商家各种各样的营销诉求为其定制广告投放策略。

直播间有一个最核心的考核指标就是流量承载力，该指标包括冷启动期、成长期、成熟期3个发展阶段，每个阶段都有相应的评估指标，适合采取不同的投放策略。除此之外，直播分为专场直播与达人混场直播两种类型，每种类型的直播适用的投放策略也不同。

专场直播包括两种类型，一种是单品牌多品类直播，另一种是单品类多品牌直播，巨星千川可以通过定向投放和精准引流来提高广告投放的回报率。巨量千川面向专场直播提供了3种创意形式，分别是短视频、直播间切片、直投直播间，与主播话术、组货策略、直播节奏相结合，可以改善直播间的内容质量，吸引更多流量。其中，定向的短视频素材更有利于吸引目标用户，帮直播间沉淀更多私域流量。

达人混场直播一般是多品类多品牌直播。对于这种类型的直播，巨量千川为商家提供了精细化投放运营方案，使商家在重要时间节点综合运用品牌广告和效果广告，通过内容预热、直播引爆、热度持续引爆，切实提高成交额。

小店随心推：操作流程实战技巧

抖音巨量千川支持PC端和移动端的双端投放，PC端分为极速推广和专业推广，在移动端则是【小店随心推】。【小店随心推】是将DOU+的原始电商场景和巨量千川整体规划相融合，为创作者、腰尾部商家（特别是自助商家）提供原生环境、自助的流量解决方案。下面我们首先对【小店随心推】进行简单介绍。

产品简介

【小店随心推】是一款为推广者在抖音端推广小店商品的轻量级广告产品，具体如表17-1所示。

表17-1 【小店随心推】的产品简介

产品简介	具体内容
产品目标	（1）实现广告和电商全方位融合协同，推动电商广告收入的可持续增长； （2）统一投放入口及账号体系，利于对电商进行统一管控，以提升业务健康度
目标用户	（1）小店商家； （2）电商达人、普通达人； （3）电商机构服务商
推广场景	投放购物车的场景
营销诉求	（1）实时观测投放效果； （2）轻量级投放操作

功能介绍

【小店随心推】的具体功能主要包含以下几个方面，如表17-2所示。

表17-2 【小店随心推】功能介绍

功能介绍	具体内容
投放目标	（1）优化目标电商化，更符合电商用户的投放诉求 （2）增加粉丝、互动等浅层目标，强化电商属性，优化底层策略 （3）增加电商属性等深层转化目标
出价方式	（1）支持按播放量出价 （2）按优化目标出价–手动出价 （3）按优化目标出价–自动出价
订单列表功能	（1）分标签展现视频/直播订单 （2）支持近7日投放订单的数据汇总 （3）支持在列表中查看订单基础数据 （4）支持跳转功能，可通过订单列表跳转至下单页/订单详情页

（续表）

功能介绍	具体内容
查看订单详情	（数据字段与巨量千川PC版对齐，在DOU+原有版本的基础上披露更多更详细的数据，帮助商家全方位分析订单效果
创编	（1）品牌优化：保曝光 （2）效果优化（短视频）：优化目标——增加粉丝、点赞评论、商品购买；出价方式：按优化目标出价—自动出价，按优化目标出价—手动出价。 （3）效果优化（直播）：优化目标——直播间人气、直播间涨粉、用户互动、直播间带货；出价方式——按优化目标出价-自动出价
数据	（1）短视频：支持订单粒度分析 （2）直播：支持订单粒度分析
效果实时监测	创建订单后，商家可通过以下两种方式进入小店随心推个人中心，下滑到订单模块，点击查看订单详情： （1）点击小店随心推创建订单页面右上角的图标； （2）进入抖音，依次点击【我】【≡】【更多功能】【小店随心推】

开户资质要求

【小店随心推】的开户资质要求如表17-3所示。

表17-3 开户资质要求

	对应的抖音用户类型	开户资质要求
商家	认证为抖音小店官方账号的达人	（1）开户资质：复用店铺主体资质 （2）对公验证：复用店铺对公验证 （3）投放、行业资质：复用店铺投放、行业资质
电商达人	开通电商橱窗权限的达人	（1）开户资质：复用商品橱窗主体资质 （2）对公验证：主体资质为企业的，复用商品橱窗对公验证；主体资质为个人的，无须复用对公验证 （3）投放、行业资质：无要求
普通达人	未开通电商橱窗权限的普通达人	（1）开户资质：抖音实名认证和身份证正反面照片 （2）投放、行业资质：无要求
MCN机构	—	（1）电商达人及普通达人开户须达到相应资质要求 （2）企业用户暂不支持开户

素材代投授权

（1）素材代投授权的定义：广告创意非广告主自有，则需要创意所有者的达人进行授权，达人授权通过后广告主才能下单。

（2）素材授权支持的场景具体如表17-4所示。

表17-4 素材授权支持的场景

短视频带货推广	直播带货推广
视频素材授权（单视频item粒度）	创意样式——短视频引流直播间：视频素材授权（单视频item粒度），同时支持授权给多个广告主
支持授权给多个广告主	创意样式——直投直播间：直播授权（uid粒度），同时支持授权给多个广告主

（3）授权限制：每天最多向3个人发出申请，申请总次数是10次。

（4）授权时长：申请授权后达人7天内无响应，会失效；达人授权同意后，目前授权时长为30天，后续支持自定义。

（5）素材授权流程：为不影响主播直播体验，直播订单下单前需广告主提前申请授权、达人提前同意授权，分别如表17-5、表17-6所示。

表17-5 广告主发起授权申请

	订单类型	申请授权
下单时发起授权	视频订单	【短视频引流直播间】或【短视频带货推广】点击【订单支付】时，会出现授权弹窗，发送授权申请，等待授权结果
下单前发起授权	视频订单 直播订单	在小店随心推页面依次点击【个人中心】【合作授权申请】【搜索达人】【选择合作素材】【单视频合作授权】/【直播间合作授权】，发送授权申请，等待授权结果

表17-6 达人管理授权申请

	订单类型	申请授权
消息通知提示	视频订单 直播订单	在【抖音主页】依次点击【消息】【功能通知】【广告授权申请】【确认知晓并同意广告授权协议】【确认授权】
直接从某条视频页面授权	视频订单	选择视频下方的【广告授权】，选择【授权期限】和【授权方式】，点击【确认知晓并同意广告授权协议】【确认授权】

资金充值

和原DOU+的差异：【小店随心推】暂不支持移动端充值和转账，其具体操作如表17-7所示。

表17-7 资金充值

资金充值	具体操作
充值	移动端暂不支持巨量千川账户余额充值，需移步巨量千川PC端进行账户充值
支付	（1）余额支付：巨量千川账户余额抵扣（如未开通PC端无法充值巨量千川账户，可通过现金支付随用随付） （2）现金支付：可通过支付宝/微信支付，随用随付
转账	移动端暂不支持转账，可在巨量千川PC端进行操作

（续表）

资金充值	具体操作
退款	移动端支持退款，退款方式如下： （1）余额支付的退回账户余额（同步移动端）； （2）支付宝支付的退回支付宝； （3）微信支付的退回微信

下单流程

【小店随心推】的下单流程如表17-8所示。

表17-8 下单流程

下单流程	具体操作
前置流程	（1）已有巨量千川账号：直接拉取账号、资质信息 （2）无巨量千川账号：填写资质后自动生成巨量千川账号
下单流程	选择转化目标&投放时长–选择定向–出价–设置投放金额–选择支付方式–完成下单

PC端极速推广：操作流程与技巧

商家选择直播带货，首先要进入极速推广页面。直播间、短视频都可以在极速推广页面投放，但短视频审核比较严格。

投放方式

投放方式有两种，一种是控成本投放，另一种是放量投放。如果商家想要扩大传播范围，实现大规模传播，可以选择放量投放，但要做好监控，以保证投放效果。

转化目标

商家可以选择的转化目标有5个，分别是进入直播间、直播间商品点击、直播间下单、直播间粉丝提升和直播间评论。对于商家来说，进入直播间、直播间商品点击以及直播间下单是三大比较重要的指标，可以交叉投放。首先，商家要吸引用户进入直播间，提高直播间的人气；其次，设法增加商品的点击量，提高商品的曝光度以及成交的可能性；最后，促进用户在直播间下单，提高成交总额。

设置总预算

商家可以根据自己的需求设置总预算。如果在第一个环节，商家选择的是控成本投放，需要自主设置出价；如果选择的是放量投放，就不需要自主出价，系统会自动消耗。

选择投放时长

商家可以根据实际情况自由选择投放时长。

定向人群

如果商家对目标用户非常了解，可以选择【自定义人群】，填写地域、性别、年龄、抖音达人4项内容；如果商家对目标用户不太了解，可以选择智能推荐，然后点击发布计划。

PC端专业推广：操作流程与技巧

相比PC极速版，专业版支持自定义设置投放速度，可以更精准地向定向人群进行推广，更适用于有比较固定的开播计划、更精准的定向需求的商家。

投放方式

商家可以选择控成本投放或者放量投放两种方式。这一点与极速推广相同，不同之处在于商家可以选择【严格控制成本】，以确保出价不会超出目标出价，但选择了这个功能之后就无法选择【投放速度】，起量速度会大幅下降。

需要注意的是，只有选择【控成本投放】才会出现这两个选项。如果商家想要快速起量，还是要选择【放量投放】。

转化目标

与极速推广相同，商家可以从5个投放目标中进行选择，分别是进入直播间、直播间商品点击、直播间下单、直播间粉丝提升和直播间评论。

投放时间

商家可以选择【全天】【固定时段】或者【固定时长】，还可以自主设置投放日期。

定向人群

商家需要自主对【地域】【性别】【年龄】【抖音达人】等指标进行设置。选择完互动类型之后，可以选择互动时间，最长互动时间可以选择为60天。接下来，商家只需要输入同类型的抖音号即可。需要注意的是，达人定向非常重要，如果设置得当可以给自己的直播间快速打上标签，增加直播间的曝光度。

智能放量

商家可以根据自己的需要进行选择，这个选项的主要功能就是帮助商家找到已选定的目标用户群体之外的目标用户。

行为兴趣意向

商家可以选择的行为有3种，分别是电商互动行为、资讯互动行为、App推广互动行为。电商商家要选择电商互动行为，然后选择发生过这种行为的时间。

类目

商家根据自己的情况选择类目，选择之后会看到系统推荐的一些相关词，可以根据自己选择的类型选择添加。

创意形式

创意形式要设置两项内容，一是直播间画面，二是视频。设置直播间画面时，商家在创意分类中选择类目，然后根据产品选择创意标签，创意标签不能超过20个，最后填写计划名称就可以完成创建。设置视频时，因系统为商家提供了两种选择，商家可以自由选择。添加视频之后，选择类目、输入产品的相关词即可。

第 18 章

巨量星图：全链路广告营销操作攻略

巨量星图的任务类型与实战玩法

作为抖音官方推出的推广任务接单平台,巨量星图集智能交易与智能管理功能于一体,具备订单交易、达人管理、项目分析、任务报价、数据服务等多种功能,可以将广告主发布的广告任务与适合接单的内容创作者相匹配,促成交易,在交易过程中促进交易双方的对接与沟通,从中获得分成或者附加费用。

巨量星图会根据抖音平台当下最流行的短视频主题与达人进行智能定位,对达人最擅长拍摄的短视频类型进行整合,为广告主选择达人提供指导。巨量星图官方网站首页如图18-1所示。

图18-1 巨量星图官方网站首页

巨量星图的任务类型

目前,巨量星图常见的任务有3种,分别是品牌传播任务、投稿任务/全民任务、素材制作任务(即合),下面对各任务特点及其适用广告主进行具体分析,如表18-1所示。

表18-1 巨量星图的任务特点与适用广告主

任务类型	适用达人	任务特点	适用广告主
品牌传播任务	西瓜/抖音/头条达人	达人通过自身影响力和内容创意,以短视频、直播、图文形式帮助广告主传播品牌,提升知名度。例如,新品上市宣传、日常推广等	通用,根据广告主选择创作者的粉丝量级、达人数量、投放策略可组成不同效果
投稿任务/全民任务	抖音达人	(1)达人根据广告主的任务要求和奖励规则参与并制作视频进行投稿; (2)任务周期结束后,广告主按规则评奖并公布获奖名单; (3)若名单无异议,平台将任务奖励结算给对应达人; (4)任务结束,广告主可导出任务详情数据	影视宣发、美食、快销零售、二次元动漫、运动健身等领域的广告主
素材制作任务(即合)	抖音达人	(1)达人通过内容创意和视频制作能力,广告主创作商业广告视频; (2)广告主可以使用这些视频素材在巨量引擎进行投放	通用

巨量星图的优势

巨量星图拓展了营销渠道，为营销活动的开展提供了极大的方便。同时，巨量星图背靠抖音巨大的流量池，可以吸引优质广告主，让自身获得更好的发展。

为保证内容质量，提高内容触达目标用户的速度与效率，巨量星图会对整个创作过程进行把关。内容创作者或内容创作机构想要在巨量星图接单，必须先提交身份、账号名称等信息接受平台审查，满足条件后才能获得接单资格。巨量星图会对内容创作者或内容创作机构发布的短视频进行审核，为其提供创意诊断与优化服务，输出高质量的原创短视频，带给平台用户更新奇、更极致的体验。

巨量星图面向的主要是抖音平台头部与中部的账号，为这些账号的内容创作者提供了一条不错的变现渠道。经观察发现，目前通过巨量星图接单的大多为街拍类、才艺展示类、探店类、美食类等账号。另外，因为抖音首页的视频推荐采用的是智能算法推荐，所以不太适合粉丝体量较大的头部账号使用。巨量星图将抽取分成模式转变为流量配额模式，可以在一定程度上保证购买了流量配额的广告主的曝光量。

巨量星图的常用玩法

巨量星图的主要目的是助力品牌营销与传播，基于此目的催生了很多种玩法，如表18-2所示。

表18-2 巨量星图的常用玩法

常用玩法	具体内容
达人玩法	平台可以根据达人的短视频风格、擅长的领域以及短视频内容，结合广告主的产品调性与传播诉求，为其推荐合适的达人达成交易
流量玩法	短视频达人的类型不同，其粉丝群体的定位也不同。平台可以对达人与粉丝的互动流量进行整合，为广告主推荐拥有较高忠诚度、兴趣度与参与度粉丝群体的达人
营销玩法	平台可以根据广告主诉求，为其推荐新品上市、品牌活动、节点大促等营销玩法，帮助其开展立体式营销

总而言之，星图平台不仅可以帮广告主拓宽营销渠道，获取更多利益，还可以帮短视频创作者拓展获利渠道，激发创作灵感，创作出更多更优质的内容，保证多方权益。

客户入驻：资质认证与注册流程

资质认证材料

注册巨量星图账号前，广告主需要准备以下材料，如表18-3所示。

表18-3 资质认证材料

序号	认证材料
1	营业执照原件或复印件
2	最新版（带有统一社会信用代码）营业执照
3	营业执照加盖公章，公章必须清晰可见
4	营业执照不得带有不相关的水印，可以带有"仅限与今日头条及其相关业务合作使用"的水印
5	若为营业执照复印件，需标注"与原件一致"并加盖公司公章（营业执照资质需清晰可见）
6	营业执照不得为手机截图或电脑截屏
7	主体资质不得被国家市场监管部门列入经营异常名录和黑名单
8	其他信息填写需与营业执照内容保持一致
9	请选择包含"资质编号"的相关资质照片上传，仅支持JPG、PNG、JPEG格式的图片，文件不能大于5MB

对公验证材料

对公验证材料包括与资质主体一致的对公银行账号、账号类型说明及注册方式。

1. 账号类型

巨量星图的账号类型有3种，分别是品牌主账号、代理商帮助客户下单账号、代理商基础账号，如表18-4所示。

表18-4 巨量星图的账号类型

账号类型	具体内容
品牌主账号	品牌主自行在平台下单，对账号、任务发布、进度跟踪、投后数据等进行管理。在注册方式上，品牌主可以选择自助注册或者联系对应销售注册。该类账号的发票抬头要与品牌主的主体资质保持一致，不能修改
代理商帮助客户下单账号	如果品牌主希望将账号交由代理商代为管理，由代理商执行任务发布、进度跟踪等任务，在注册时要"绑定代理商"。该类账号的发票抬头也要与代理商的主体资质保持一致，不能修改
代理商基础账号	该账号主要用于品牌主账号绑定代理商账号，由代理商联系对应销售注册，该类账号的发票抬头也要与代理商的主体资质保持一致，不能修改

2. 注册流程

申请入驻巨量星图的操作流程如下。

步骤01 使用浏览器登录巨量星图官网，点击【注册】按钮，如图18-2所示。

图18-2 点击【注册】按钮

步骤02 勾选注册页面下方的【我已经阅读并同意服务协议和隐私协议】，然后选择自己的身份——【客户】，可以选择邮箱注册和手机注册两种方式，根据平台提示提交相关信息即可，如图18-3所示。

图18-3 注册页面

达人入驻：功能操作与任务流程

登录

使用浏览器登录巨量星图，登录时选择达人登录，可以使用抖音、西瓜视频、今日头条、火山小视频等平台的账号登录，还可以使用通过App绑定的手机号获取验证码的方式登录。

功能模块

1. 左侧导航栏

左侧导航栏包括概览、我的任务、财务管理、账号管理、服务管理五大功能，具体分析如表18-5所示。

表18-5 左侧导航栏功能

左侧导航栏	具体功能
概览	可以用于查看账号信息
我的任务	可以用来查看任务状态，包括【进行中】【已完成】【已取消】
财务管理	可以用来查看交易记录，对提现进行设置
账号管理	可管理账号托管关系、账号报价、微任务服务卡片等
服务管理	可以用来查看已经绑定的媒体的主页信息、近期视频展示、报价以及是否接单等

2. 申请开通任务

平台会自动生成平台协议，达人仔细阅读之后点击【同意】，后才能开通任务。如果点击【不同意】，则无法开通任务。

3. 设置报价

按照视频时长设置报价，每月的1—25日可以对下个月的报价进行修改，MCN达人需要联系MCN机构修改。

4. 提现设置

提现设置分为以下3个步骤，如表18-6所示。

表18-6 提现设置的3个步骤

提现设置	具体操作
手机号绑定	达人要绑定常用的手机号，用来在提现时接收验证码，保障账户安全
个人实名认证	个人实名认证信息要与提现账号实名认证信息保持一致，否则无法提现，而且实名认证通过之后信息暂时无法修改
绑定提现账号	目前仅支持绑定支付宝账号。抖音星图达人需要填写手机号、实名认证、绑定支付宝提现账号。手机号是用于后续提现操作验证时使用，要确保号码能正常接收验证码

5. 账号管理

目前，账号管理只有两部分内容，一是联系电话，二是联系邮箱。

联系电话：用来接收任务，联系客户。为了保护隐私，系统会将联系电话转为虚拟号码。

联系邮箱：主要用于接收任务信息。

6. 服务管理

所在区域：达人可以自行设置并修改。

擅长风格：平台会自动生成标签，不支持自行设置。如果达人认为标签设置不准确，可以申请修改。但需要注意的是，目前只有达人可以自行修改标签，MCN机构无法代替MCN达人修改。

任务流程

步骤 01 接单。达人登录巨量星图，点击【任务概览】，查看待接收任务。点击任务标题，查看任务详情，达人如果想接收订单就点击【去接收】。

步骤 02 制作脚本。达人按照订单要求制作视频脚本，制作完成后将脚本上传，等待审核结果。需要注意的是，达人通过移动端上传的脚本不需要审核，因此在上传前需要先发送给客户确认。

步骤 03 查看脚本审核结果。点击脚本名称，可以在右侧窗口弹出的详情里查看审核结果。无论审核是否通过，达人都可以点击确认，如果审核没有通过会显示原因，确认之后才能进行下一步。

步骤 04 上传视频。确认脚本后，点击【上传视频】，进入视频审核环节。如果上传的视频时长超过1分钟，需要在抖音PC端进行操作。视频上传完成后，设置封面，填写视频发布文案，然后选择巨量星图任务，设置【谁可以看】（一般选择公开），设置【允许他人保存完整版视频】（默认不允许，达人可以根据实际情况自行设定），然后点击发布，这样就可以将视频上传了。

步骤 05 查看视频审核结果。点击视频名称，可以在右侧窗口弹出的详情里查看审核结果。如果审核没有通过，会在【审核未通过】下方显示原因，达人需要按要求修改，然后重新上传。审核通过后，客户可以选择确认或者驳回。如果客户点击确认，等待视频发布即可。需要注意的是，达人通过移动端上传的视频，通过审核，且客户点击确认后，会自动通过抖音App发布。

步骤 06 视频发布。如果达人通过移动端的抖音App或者抖音PC端上传视频，通过审核的视频由客户点击发布，无须达人操作。如果是MCN达人，通过巨量星图PC端上传视频进行审核，通过审核后，达人需要通过抖音App发布视频，自行绑定任务ID。

步骤 07 任务完成。视频发布成功后，下一步就是等待客户验收，可以通过【视频营销数据】查看视频发布后的各种表现。

MCN机构入驻：开通流程与操作要点

登录

打开浏览器，登录巨量星图。选择【MCN登录】入口，MCN机构可以使用抖音号或者今日头条号登录。需要注意的是，目前，今日头条支持使用邮箱号或者手机号登录，但抖音只支持使用手机号登录。

功能模块

1. 左侧导航栏

左侧导航栏包括达人管理、已签约达人、邀请达人、任务管理、数据管理等功能，具体如表18-7所示。

表18-7 左侧导航栏功能

左侧导航栏	具体功能
达人管理	MCN机构可以通过该功能查看各个媒体已经签约或者解约的达人
已签约达人	MCN机构可以通过该功能查看达人信息、修改报价、服务管理或者执行解约操作等
邀请达人	点击"同步线下达人"对达人发出邀请
任务管理	MCN机构可以通过该功能对旗下达人的订单进行管理，包括任务详情、投后数据，还可以通过任务名称、客户名称、任务ID、任务进度、达人名称、创建时间、完成时间等指标进行查询。对于已经完成的订单，MCN机构可以将其导出，方法为点击"我的星图"，进入"任务管理"，点击"已完成"，最后选择"导出"
数据管理	通过数据管理功能，MCN机构可以看到旗下达人的所有视频数据，可以查看视频的播放量、点赞量、评论量、分享量

2. 签约星图达人

（1）路径：登录巨量星图，进入【达人管理】，点击【邀请达人】，再点击【同步线下达人】。

（2）页面显示：通过页面显示可以看到已邀请达人的数量、状态以及邀请时间，其中邀请达人的状态包括待同意、已同意与已拒绝。

3. 解约星图达人

（1）路径：登录巨量星图，进入【达人管理】，点击【已签约达人】，然后点击【解约】。

（2）页面显示：通过页面显示可以查看已邀请达人数量、达人绑定媒体端、达人任务状态、达人主页访问、达人解约。

4. 常见问题

问题一：达人如何与MCN机构绑定关系？

回答：首先确认达人满足以下3个条件。

（1）该达人隶属于MCN机构。

（2）达人登录星图平台，并且在平台协议处点击了【确认】。

（3）达人账户内所有任务都已完成。

上述条件必须全部满足，只要有一项不满足，就无法绑定关系。

绑定流程（目前只限浏览器邀请）：MCN机构登录巨量星图，点击【邀请达人】【同步线下签约达人】，然后选择达人发出邀请；

达人登录星图平台，点击右上角【信封】，然后选择【接收】或【拒绝】邀请。

问题二：MCN机构如何与达人解约？

回答：达人完成任务后，或者任务失效后，MCN机构可以进入【达人管理】进行解约操作。

问题三：达人完成任务被解约后，之前的订单费用是否要结算？

回答：订单结算以达人接单时的状态为准，达人完成订单，即使已经解约，MCN机构也要在收到平台的费用之后和达人结算。

问题四：达人与MCN机构解约何时生效？

回答：达人申请解约后，需要MCN机构同意并执行解约操作后才能生效。解约后，达人状态变为【已解约】，协议类型变为【停止合作】。

直播攻略：下单流程与履单流程

2020年5月，巨量星图推出直播业务，功能非常丰富，包括精准达人推荐、在线下单、营销数据分析等，为广告主、达人与MCN机构的交易合作提供了更多便利。而且，巨量星图直播业务覆盖的主播极广，囊括了抖音、今日头条和西瓜视频三大平台的所有主播，致力于帮助广告主提升传播效果，为MCN机构和达人提供更多商业机会，同时规划行业秩序，推动行业健康发展。

广告主下单流程

1. 参与方式

广告主点击【我的星图】，找到【直播主播】，点击【抖音主播】，即可参与下单。

2. 履单流程

直播交易流程可以参考短视频交易流程。广告主进入"直播主播广场"可以看到主播历史数据情况、直播精彩回放及粉丝画像基础数据等信息，了解主播的风格与日常表现，判断主播风格是否与品牌调性相符，最终筛选出合适的主播，然后向主播发起合作邀请，填写任务要求即可。

广告主发起邀请后，平台会以短信的方式提醒主播，主播可以选择"接受"或者"拒绝"。如果主播24小时内没有接单，订单就会自动失效。在履单的过程中，平台支持主播与广告主沟通脚本细节，广告主可以确认或者驳回脚本，实时观看直播。

直播结束后，广告主可以观看直播回放，收集评价反馈以及传播数据，如果在7个自然日内没有任何操作，订单就会自动完成验收。广告主支付费用，完成合作。

3. 合作方式

在巨量星图，广告主与主播以固定价格的方式合作，主播按小时报价，广告主购买直播时长。广告主如果要与多名主播合作，可以通过收藏夹添加其他主播，一起结算。

目前，巨量星图凭借强大的功能吸引了越来越多的主播入驻。未来，该平台将推出更加多元化的玩法，如拼场互动、主播评分、主播榜单等，从而打造一个全新的内容营销生态。

主播履单流程

主播接受订单后，就进入履单环节，需要按照订单流程完成任务，具体流程如下。

1. 脚本制作

主播根据任务要求制作脚本，将脚本上传到平台，接受广告主审核。在这个环节，广告主可以选择"确认脚本"或"驳回脚本"，如果选择"驳回脚本"必须给出修改意见。如果广告主不认同脚本，想要取消订单，需要支付10%的订单金额作为赔偿。

2. 主播开始直播

主播开始直播后，广告主可以实时观看直播。直播结束后，广告主可以点击"回看直播"，二次观看。

3. 直播验收

巨量星图的直播品牌推广任务已经上线自动确认功能，如果广告主没有在主播完成有效开播的7天内进行确认，系统会自动确认，7天后平台会将订单款项支付给主播。因此，如果广告主对直播有异议，要在开播7天内联系平台客服进行申诉。

需要注意的是，有效开播指的是按小时购买的订单实际开播时长不小于下单时长，按天购买的订单实际开播时长不小于6小时。

4. 任务完成

广告主对直播任务的完成情况进行验收后，就可以对任务进行评价，查看与直播相关的营销数据，包括直播观看情况、受众表现、转化表现等。

第 **19** 章

新抖：电商数据分析与优化攻略

素材选择：高效打造爆款短视频

作为新榜旗下的抖音短视频与直播电商数据工具，新抖可以为创作者提供很多创意素材，包括热门视频、背景音乐、话题挑战赛、神评论、魔法道具等。创作者如何利用新抖选择热门素材，制作出爆款短视频呢？

有目标地寻找素材

如果创作者已经有了短视频主题，可以直接进入【视频搜索】页面，输入关键词进行查找，如图19-1所示。如果创作者想要筛选结果更精准，可以进行高级筛选，围绕短视频信息、数据表现和参与者画像等指标输入目标值，更快、更高效地找到需要的内容。

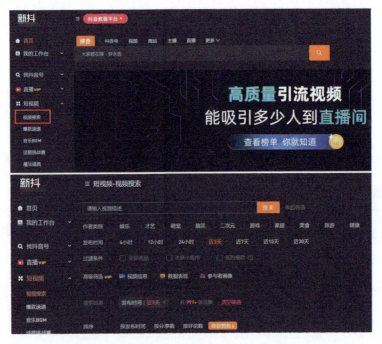

图19-1 视频搜索

寻找创作灵感

如果创作者没有灵感，可以进入【爆款速递】与【抖音热门素材】页面了解热门话题的短视频，寻找灵感。

【爆款速递】中的视频每天都会更新，默认按照前一天的新增获赞数排序，排名靠前的就是热门短视频，如图19-2所示。

第19章 新抖：电商数据分析与优化攻略

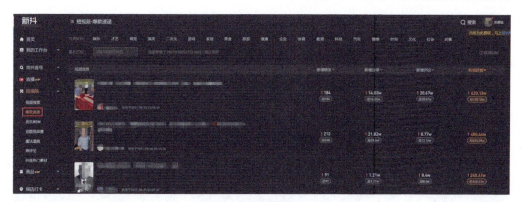

图19-2 爆款速递

【抖音热门素材】模块中包含了【抖音·热门视频】和【抖音·实时热点】两个子模块。【抖音·热门视频】中的短视频也是每天更新，排序依据是短视频热度指数。创作者可以更直观地看到前一天抖音平台的热门短视频，还可以将相关数据导出。【抖音·实时热点】的更新频率比较快，大约每10～30分钟就会更新一次，排序依据是热度。创作者可以从9个维度筛选热点，查看最新热点视频，还可以将结果导出，如图19-3所示。

图19-3 抖音热门素材

寻找音乐素材

新抖还为创作者提供了丰富的背景音乐。创作者可以点击【音乐BGM】，输入音乐名称进行搜索，了解这段音乐的使用人数、代表作品、热度趋势和参与者画像等，如图19-4所示。

205

图19-4 音乐BGM

除此之外，新抖还为创作者提供了音乐原创榜单，该榜单每日更新一次。创作者可以通过该榜单查看排在前几位的音乐的使用人数、热门视频、变化情况等。

选品实战：借助新抖打造爆品

中小主播要想打造爆品，选品是关键。如果主播能够发现直播间热卖商品，了解目前的带货趋势，找到合适的商品，打造爆品就会变得非常简单。为了帮助主播快速选出有可能成为爆品的商品，新抖上线了很多功能，下面进行具体介绍。

如何发现直播间热卖商品

主播可以通过【直播商品排行】，如图19-5所示，查看近几日或者近几周的热门商品，了解商品来源、价格、佣金等信息，而且可以从商品销量、销售额、关联直播数、关联主播数等角度，对商品的匹配度进行分析。

图19-5 直播商品排行

如何发现各时段爆品

上面介绍的是主播如何通过每天或者每周的排行榜寻找爆品,如果主播想知道每天各个时间段正在迅速出单的商品,可以通过【实时直播爆品】来查看,如图19-6所示。

【实时直播爆品】每30分钟就会更新一次榜单快照,支持主播查看各个时间点近2小时内新增销量最多的商品,以及商品所属的直播间和该直播间的人气峰值。

图19-6 实时直播爆品

例如，主播想要查看上午9:00的榜单，可以在时间条中选择9:00，这样可以看到销量最多的商品大多出自"服装鞋帽"和"美妆护肤"类目，2小时内最高成交2700多单。观察9:00前后半小时的榜单，也是这种趋势。由此主播可以推断，在上午9:00前后，"服装鞋帽"和"美妆护肤"类产品更受消费者喜爱。因此，主播从这两个类目中选择一些有可能成为爆款的商品上架，应该会获得不错的销量。

除此之外，主播还可以通过【实时爆款榜单】获得抖音平台提供的商品链接，点击【加入橱窗】，在跳转窗口中复制商品链接，点击【前往巨星百应】，将感兴趣的商品直接上架到自己的商品橱窗里，操作非常简单，如图19-7所示。

图19-7 添加到商品橱窗

如何通过抖音小店找到爆品

上述两种方法主要适用于查找单款爆品。如果主播想要寻找长期稳定的货源，可以进入【直播热门小店】，具体操作如下。

主播点击进入【直播热门小店】，如图19-8所示，根据主营品类搜索近几日或者几周有商品正在热卖或者推广的抖音小店，从销售额、销量等维度查看抖音小店的热销商品。

图19-8 直播热门小店

例如，主播想要查看最近有哪些抖音小店在热卖小家电，可以直接在主营品类中选择"家用电器"，按照关联直播数排序。经筛选发现一家名为"XX电器"的店铺，其主营产品的销售额、关联直播数都非常高，并且被众多电商主播添加到了自己的直播间里，说明这家小店的商品质量比较好。因此，主播可以选择这家店铺的商品作为选品参考。

上面3种选品方法比较适合没有成熟供应链支持的中小主播使用。主播如果能熟练掌握这几种方法，就可以在最短时间内找到爆品，将其上架到直播间，从而源源不断地吸引客源，提高单场直播的销量与销售额。

账号搜索：精准对接优质主播资源

商家寻找主播合作开展直播营销的第一步就是找到合适的主播。那么，如何借助新抖精准地对接优质的带货主播呢？我们可以通过以下两项功能来进行分析。

搜索抖音号

为了简化页面，让商家在最短的时间内找到符合条件的抖音号，新抖对账号筛选条件做了一系列调整。商家在搜索抖音号时，不仅可以通过账号类别、过滤条件等进行筛选，还可以从账号资料、数据表现、粉丝画像等维度进行高级筛选。在新抖上搜索你想了解的账号名称，就可以查到数据概览、粉丝画像、短视频作品、带货商品、直播分析等多项数据，如图19-9所示。

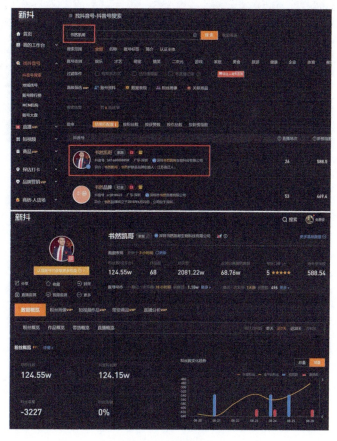

图19-9 搜索某账号

那么，商家如何通过这些功能筛选到合适的主播呢？例如，某商家想要寻找一位合适的主播合作，在搜索时，可以选择【有联系方式】，以便获得主播的联系方式，与主播取得联系；还可以选择【已开通橱窗】和【有直播记录】，寻找有直播经验的主播，保证直播带货效果。找到主播后，商家可以进入【账号详情页】查看主播之前的带货成绩，对主播价值进行评估。

另外，商家还可以使用高级筛选功能，选择"美食"类账号，选择粉丝数量、粉丝画像等，以提高筛选的精准度。最后，商家可以将筛选结果的相关数据导出，以便进行深入分析。

我关注的直播

商家除了通过搜索账号寻找主播外，还可以在【我关注的直播】里添加感兴趣的主播，实时关注主播每场直播的人气与带货数据，如图19-10所示。新抖支持商家账号最多可同时关注20个直播账号。如果取消对某直播账号的关注，可以添加关注新的直播账号。

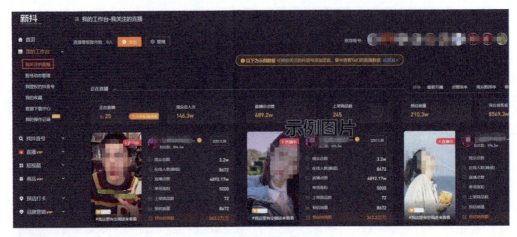

图19-10 我关注的直播

一般情况下，商家可以关注同领域的账号，将这些账号的直播带货数据与自己的账号数据进行对比分析，为直播策略的优化提供指导。另外，商家可以通过看板中"正在直播"的场次查看实时大屏，了解直播间各项数据的变化趋势，发现热销商品。

数据分析：商品数据查询监控

商品详情页

2021年4月，新抖重新调整了商品相关数据，新上线的商品详情页所包含的内容更加丰富，包括基础数据、基本分析、达人分析、直播及视频分析等，如图19-11所示。

第 **19** 章　新抖：电商数据分析与优化攻略

图19-11　商品详情页

1. 基础数据

基础数据主要包括商品价格、商品佣金、品牌、商品来源等与商品有关的基础信息，以及商品近30天的浏览量、订单数、转化率等数据，用户进入商品详情页就能看到。

2. 基础分析

基础分析会展示商品在不同时间段内的热推达人趋势、每日视频/直播趋势、抖音订单数趋势，帮助用户了解商品在抖音平台的整体销售情况。

3. 达人分析

商家在与达人合作之前，会提前了解有哪些达人推广过这类产品，此时就可以点击达人分析，获得不同时间段内销售过该产品的达人列表，以及各位达人的带货形式、具体的带货数等信息。

4. 直播及视频分析

如果商家想要深入了解有哪些直播或者视频销售过这类商品，可以点击直播及视频分析，了解商品在不同时间段的销量变化。

直播间数据

过去,新抖仅支持导出商品列表及弹幕信息。升级之后,商家点击右侧的"导出结果"如图19-12所示,可以任意下载数据,除商品数据和弹幕数据外,还可以获取直播数据概况和用户画像,为想要获取直播间详细数据的商家提供了极大的方便。

图19-12 直播间数据

带货列表

为了方便商家查看达人的带货视频与直播的商品信息,新抖将【有直播带货】和【有视频带货】两大功能合并,支持商家按照时间段导出对应的商品数据,如图19-13所示。

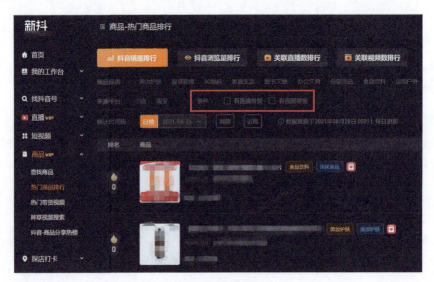

图19-13 带货列表

直播流量大盘：实时同步直播带货数据

　　主播在新抖直播间进行一场直播后，新抖会自动生成详情页，对该场直播的数据进行整合，方便主播和商家查看直播带货效果，但详情页不显示直播间画面。为了方便主播和商家获取直播数据，新抖在直播间详情页的基础上新增了一个功能——【直播流量大盘】，支持主播和商家通过PC端一屏观看直播及带货数据，如图19-14所示。

图19-14 直播流量大盘

实时同步：一屏掌握直播数据

　　新抖平台推出的实时数据功能主要用来监测热门直播间，每1分钟就会更新一次数据，同时展示实时数据，商家和主播可根据实时数据制定选品和运营策略。用户可以点击【红人直播带货看板】—【数据看板】模块，如图19-15所示，通过【数据详情】和【实时大屏】两种方式查看头部主播的各项直播数据，如图19-16和图19-17所示。

图19-15 红人直播带货看板

图19-16 数据详情

图19-17 实时大屏

具体来看，实时大屏主要展示以下数据。

1. 带货数据

带货数据主要包括直播间预估销售额、销量、上架商品的件数、预估销量、销售额等，商品可以按照时间或销售额进行排序。

2. 人气数据

人气数据包括用户停留时长、转粉率、送礼人数、音浪贡献榜等，其中在线人数、收获音浪两类数据可以获得人气趋势变化图，更直观地了解直播间的人气变化。

3. 用户画像

用户画像可以用来了解用户性别、来源等基本信息。以某直播间为例，通过其用户画像可知其直播间的用户大部分是男性，其中20%是通过关注进入直播间的，用户黏性较高。

通过实时大屏，用户可以通过一个屏幕看到直播和数据。如果想要在观看直播的过程中获取一些数据信息，不用频繁地切换网页。而且，用户不仅可以通过"明星看板"查看实时大屏，还可以在"自定义直播看板"添加抖音号，让被添加的抖音号的直播间也拥有实时大屏。

自定义直播看板：实时大屏私人订制

用户进入【监测工具】模块，点击【添加监测账号】，就可以添加主播，为主播订制实时大屏，如图19-18所示。订制成功后，如果账号开始直播，直播数据就会在列表最上方显示出来，看板中也会出现大屏按钮，点击进入就可以查看直播数据。

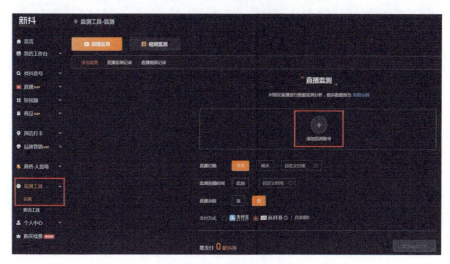

图19-18 添加监测账号

如何借助新抖筛选MCN机构

抖音达人独自运营抖音号可能会面临专业度不够、涨粉难、不易变现等问题，因此都想签约专业的MCN机构，提高涨粉速度以及变现效率。但普通用户在与MCN机构签约之前要尽可能全面地了解机构信息。新抖新推出的MCN机构模块涵盖了MCN机构的很多信息，包括机构搜索、地域分布以及账号展示与排行等，可以帮普通用户对MCN机构做出全方位了解。

MCN机构搜索

在【MCN机构】搜索模块，用户可以输入MCN机构的名称或者根据已知条件搜索MCN机构，查看MCN机构的基本信息，包括所属地区、覆盖粉丝、部分机构的联系方式等，了解签约达人的比例、达人列表，查看构成分析图表等，如图19-19所示。

搜索到需要的信息后可以将结果导出，以便进行对比分析。如果搜索不到某个MCN机构的信息，MCN机构搜索支持MCN机构信息收录，需要MCN机构的管理员提交相关信息，包括提交人信息、MCN机构基础信息，并上传MCN机构签约达人。通过该模块，用户可以快速获取MCN机构的相关信息，尤其是MCN机构的签约达人，了解MCN机构的实力排名。

图19-19 MCN机构

找MCN账号

【找MCN账号】功能支持用户查看已经被MCN机构签约的达人，了解达人所属的MCN机构信息。

在这个模块，用户可以从账号类型、是否有联系方式等维度进行筛选，在搜索结果中可以直接看到账号对应的MCN机构的名称、直播场次、粉丝数量等信息。用户可以利用该模块筛选出心仪的账号，对账号的活跃度、发展潜力等做出大致判断，还可以根据新榜指数排序了解MCN机构的综合实力。